感谢国家自科基金项目（项目编号：72073043）的资助，感讠
一流"培育学科农林经济管理学科、湖南省农村发展研究基地
问题研究基地的资助，感谢张家界融资担保集团的资助。

经济管理学术文库·经济类

地方金融体系建设研究
——以湖南省张家界市为例

Research on the Construction of Local Financial System
—Taking Zhangjiajie City, Hunan Province as An Example

李明贤　罗荷花　等／著

经济管理出版社
ECONOMY & MANAGEMENT PUBLISHING HOUSE

图书在版编目（CIP）数据

地方金融体系建设研究/李明贤等著.—北京：经济管理出版社，2022.6
ISBN 978 - 7 - 5096 - 8446 - 7

Ⅰ.①地…　Ⅱ.①李…　Ⅲ.①地方金融—金融体系—研究—张家界市
Ⅳ.①F832.764.3

中国版本图书馆 CIP 数据核字（2022）第 087377 号

组稿编辑：曹　靖
责任编辑：郭　飞
责任印制：黄章平
责任校对：蔡晓臻

出版发行：经济管理出版社
　　　　　（北京市海淀区北蜂窝 8 号中雅大厦 A 座 11 层　100038）
网　　址：www.E - mp.com.cn
电　　话：(010) 51915602
印　　刷：北京虎彩文化传播有限公司
经　　销：新华书店
开　　本：720mm × 1000mm/16
印　　张：12
字　　数：172 千字
版　　次：2022 年 6 月第 1 版　　2022 年 6 月第 1 次印刷
书　　号：ISBN 978 - 7 - 5096 - 8446 - 7
定　　价：88.00 元

本书参著人员：

李明贤　　罗荷花

向玉冰　　周　蓉

邓　　玲　李琦斓

目　录

第一章　绪论 ……………………………………………………………… 1

　　第一节　选题背景 ……………………………………………………… 1

　　第二节　选题意义 ……………………………………………………… 9

　　第三节　地方金融体系发展的阶段 ………………………………… 12

　　第四节　地方金融体系的研究动态 ………………………………… 18

　　第五节　研究方法 …………………………………………………… 25

　　第六节　研究思路 …………………………………………………… 27

第二章　地方金融服务体系概述和研究的理论基础 ………………… 30

　　第一节　地方金融服务体系概述 …………………………………… 30

　　第二节　研究的理论基础 …………………………………………… 44

第三章　张家界市地方金融服务体系的发展现状 …………………… 57

　　第一节　张家界市地方金融发展面临的条件 ……………………… 57

　　第二节　张家界市金融服务体系的构成与现状 …………………… 62

　　第三节　金融服务实体经济的情况 ………………………………… 67

　　第四节　张家界市地方金融服务体系存在的问题及原因 ………… 72

第四章　张家界市健全地方金融服务体系的 SWOT 分析 ……… 80

 第一节　张家界市健全地方金融服务体系优势……………… 80

 第二节　张家界市健全地方金融服务体系劣势……………… 82

 第三节　张家界市健全地方金融服务体系机遇……………… 86

 第四节　张家界市健全地方金融服务体系威胁……………… 88

 第五节　完善张家界市地方金融服务体系的战略分析……… 92

第五章　部分省市完善地方金融服务体系的经验启示……… 95

 第一节　温州市完善地方金融服务体系的经验借鉴………… 95

 第二节　常德市完善地方金融服务体系的经验借鉴 ……… 110

 第三节　重庆市完善地方金融服务体系的经验借鉴 ……… 124

第六章　健全张家界市地方金融服务体系的思路、原则及目标 ……… 140

 第一节　健全张家界市地方金融服务体系的思路 ………… 140

 第二节　健全张家界市地方金融服务体系需要遵循的基本原则 …… 141

 第三节　健全张家界市地方金融服务体系的目标 ………… 145

第七章　健全张家界市地方金融服务体系的重点任务和配套措施 …… 148

 第一节　健全张家界市地方金融服务体系的重点任务 …… 148

 第二节　健全张家界市地方金融服务体系的配套措施 …… 170

参考文献 ………………………………………………… 178

第一章　绪论

第一节　选题背景

　　双循环发展格局下经济高质量发展与乡村振兴中大量的中小微企业、"三农"等群体面临融资难、融资贵、融资慢等问题。地方金融机构切近地方经济，是服务中小微企业和"三农"的主要力量，但我国地方金融体系发展不充分、不均衡，特别是地方金融服务的供需矛盾较大，地方金融服务体系与地方经济发展的需求不适应，使地方财政资金撬动地方经济发展的作用难以发挥。各地经济发展迫切需要与之相适应的地方金融体系为之服务。

一、双循环发展格局下经济高质量发展与乡村振兴需要地方金融支持

　　在各种不确定因素的影响下，我国经济发展面临严重的挑战，需要进行经济结构的根本性调整。2020年5月14日，中共中央政治局常务委员会会议首次提出"构建国内国际双循环相互促进的新发展格局"。习近平同志在经济社会领域专家座谈会上的讲话中强调"以畅通国民经济循环为主构建新发展格局"。国民经济循环即经济内循环的主力是企业与居民，内循环形成的关键是企业生产与居民消费的有效衔接。一方面，企业生产活动的维持需要资金投入，仅靠自有资金难以满足企业转型发展的需要，企业特别是数量巨大的中小微企业在金融市场上处于弱势地位；另一方面，金融支持有利于居民消费的扩张，但当前以大银行为主的金融体系使大量普通居民特别是农村居民的金融服务需求面临着难以实现的困境。而地方金融机构产生于地方经济活动需求，规模较小，与中小微企业及"三农"主体的需求更加适配，拥有广阔的发展前景和新机遇。因此，完善地方金融体系，提升地方金融的服务能力，助力中小微企业的生产，满足广大客户特别是"三农"主体的金融服务需求，有利于推动双循环发展格局的形成。

我国经济已由高速增长向高质量发展转变，在经济进入高质量发展的新阶段，金融作为现代经济的核心，在优化资源配置、增强企业发展后劲、优化产业结构、推动经济高质量发展方面有着无可替代的作用。但目前由于地方金融体系发展滞后，还不能很好地适应经济高质量发展的需要。党的十九大报告提出了乡村振兴战略，乡村振兴要求坚持农业农村优先发展，按照"产业兴旺、生态宜居、乡风文明、治理有效、生活富裕"的总要求，建立健全城乡融合发展体制机制和政策体系。全面实施乡村振兴战略离不开真金白银的持续投入，须解决"钱从哪来"的问题。特别是需要解决地方金融支持乡村振兴的问题。

所以，经济增长和结构调整、企业发展、乡村振兴等对完善金融组织体系、提高金融服务覆盖面和服务水平提出了更高要求。从金融供给侧角度来看，国有控股大型商业银行等金融机构支持地方经济发展义不容辞；但从现实情况分析，地方金融才是支持地方经济发展最适当、最主要的机构。多样化、多层次的地方经济主体需要一个多层次、广覆盖的地方金融体系来满足不同主体多样化的金融服务需求。

二、丰富地方政府调控经济的手段，需要完善地方金融体系

为实现特定的经济发展目标和解决市场失灵问题，需要政府通过一定的手段对经济进行调控。特别是地方政府在解决民生福祉、实现任期目标责任的追求下，有强烈的动机通过各种手段去促进地方经济的增长。政府调控经济的手段一般有经济手段、法律手段和行政手段。其中，经济手段是指政府在自觉依据和运用市场机制的基础上借助于经济杠杆的调节作用，对经济进行宏观调控。经济手段主要包括财政手段与金融手段。

财政手段主要包括税收、公共支出、财政补贴、政府投资、公债等方式。政府通过投资、财政补贴等方式可撬动社会资本、金融资本流入实体经济。财政资金撬动金融资本和民间资本的方式主要包括以下几种：第一，通过政府性融资担保体系的建设以引导信贷资金更好地流入实体经济。第二，建立政银合作机制，包括建立健全对金融机构支持"三农"和小微企业的激励措施，以及通过统筹整合财政涉农资金、支持企业发展专项资金、县域经济发展调度资金等，采取"过桥贷"等方式，搭建中小微企业转贷应急周转平台，引导银行开发续贷产品，解决企业过桥融资难题；建立中小微企业贷款资金池，用于引导金融机构向符合条件的中小微企业发放首次贷款和信用贷款。第三，建立政保合作机制，加大财政保费补贴资金保障力度。第四，改进财政资金运作模式，如扩大财政贴息支持范围、发挥政府投资基金引导作用等。

对于地方政府来说，这些财政手段的运用面临财政预算的约束，所以地方政府调控地方经济需要有效的金融渠道与金融工具来配合财政手段的实施。由于金融是市场化的运作，金融机构是追求利润最大化的企业，有效的财政政策才能激励大量的信贷、社会资金流入到中小微企业、"三农"等薄弱领域。

在以信贷政策为代表的金融手段中，全国性大型金融机构在地方的分支行不受地方政府的控制，机构内的业务审批权限有较严格的划分。地方政府想要更好地利用有限的财政资金推动地方经济的发展，就需要建立能够受到地方政府影响的地方金融体系，发挥有限财政资金的撬动引领作用，撬动金融资本、民间资本和社会资本支持实体经济发展。否则，在地方金融体系不健全、资金流通渠道不畅通、金融工具单一的情况下，财政资金撬动作用难以发挥，推动地方经济发展的效力有限。

三、地方金融在我国整个金融体系中占据越来越重要的地位

自从 1994 年我国进行国有银行的商业化改革以来，中国银行、中国农业银行、中国工商银行、中国建设银行、交通银行等大型国有商业银行纷纷撤并基层机构和网点，大量分支机构和网点从县级及县以下地区撤离，同时信贷管理审批权向省级分行收缩，基层金融机构数量缩减，导致地方在一定程度上存在金融机构空白，地方经济的发展缺乏金融机构的支持。为应对这种局面，解决基层金融机构缺乏及"三农"领域、小微企业等重点领域的融资难题，一系列金融改革如农村信用社改革、设立新型农村金融机构等改革政策不断推出，以丰富地方金融机构数量和类型。

随着我国金融改革进程的推进，地方金融机构越来越多样化，长期以来金融机构结构单一、数量少的局面得到改善。城市商业银行、农村商业银行等地方金融机构的崛起以及新型农村金融机构的"增量改革"取得了一定成效。地方金融机构虽然规模小，但数量庞大，已经成为我国金融体系的"毛细血管"，成为我国金融体系中非常重要的构成部分，在服务地方经济中发挥着重要作用。

如表 1-1 所示，截止到 2020 年末，我国农村商业银行、村镇银行的数量都在 1500 家以上，这些地方金融机构已经成为我国金融体系中最具活力的群体，在服务基层、服务"三农"群体和中小微企业方面发挥着不可替代的作用。但目前地方金融发展的矛盾也逐渐凸显，一方面，城市商业银行、农村商业银行和村镇银行数量快速增加，地方金融资产交易中心和股权交易中心普遍设立；另一方面，民间借贷、地方政府融资平台问题频发，小微企业和"三农"群体贷款难的痼疾仍在。所以，进一步健全地方金融体系得到各级地方政府的重视，为发展地方金融、健全地方金融体系、使地方金融更好地服务地方经济，各级地方政府纷纷出台健全自身金融体系的政策。如 2018

年深圳市出台《深圳市扶持金融业发展的若干措施》。2018 年贵州毕节市印发《关于加快地方金融体系建设的实施意见》，提出"形成组织健全、功能完善、服务高效、布局合理、经营稳健的现代金融服务体系"。2021 年湖南省出台了《湖南省人民政府办公厅关于促进地方法人金融机构加快发展的若干意见》（湘政办发〔2021〕39 号），提出要"构建具有高度适应性、竞争力、普惠性的地方金融体系"，包括鼓励全牌照多业态发展、建立资本补充长效机制、做强省级金融控股平台、引导金融资源聚集发展、提升法人机构服务水平、稳健发展地方类金融企业等九条建议。在稳健发展地方类金融企业中，提出"鼓励小额贷款公司、融资担保公司、区域性股权市场、典当行、融资租赁公司、商业保理公司、地方资产管理公司等地方类金融企业突出行业特色，为中小微企业和'三农'领域提供差异化、高效率、小而精的特色金融服务"。

表 1-1　2020 年底我国地方部分金融机构数量　　　　单位：家

城市商业银行	农村商业银行	农村信用社	农村合作银行	村镇银行	农村资金互助社	贷款公司
133	1539	616	27	1637	41	13

资料来源：中国银保监会。

四、地方金融体系功能的发挥，需要相适应的发展模式

我国各层级地方经济具有相对自成体系，但又互相紧密联系的特征。地方经济自成体系必然要求建立为地方经济发展服务的较为独立、健全的地方金融体系。而在不同的地方，由于具有不同的经济实力，对金融服务的需求也不同，因而形成了不同模式的地方金融体系。地方金融体系发展不均衡问题也相应出现。

地方金融体系发展的不均衡主要体现在不同经济发展水平和不同地方政府重视程度影响下的不均衡。从地方经济发展水平来看，发达地区的地方金

融兴起较早、实力较雄厚，并且探索出了成功的可供其他地区借鉴的模式，比如上海国际集团模式、天津泰达国际模式以及湖南省常德市构建地方金融控股公司的模式；但在欠发达地区，地方金融体系不健全问题较为突出，金融机构种类不健全、数量较少问题还普遍存在，比如本书的研究对象——张家界市地方金融体系，由于张家界市经济发展水平较低，地方金融体系的构建还在持续摸索中。《中国地方金融发展报告（2019）》对我国31个省份的地方金融实力进行打分，总体体现出经济实力越强的省份，地方金融的能力也就越强，如广东、上海、北京三个省份的金融实力排名前三，而排在尾部的是内蒙古、青海、贵州、甘肃、黑龙江、新疆、宁夏、西藏、海南和吉林等省份。

从地方政府的重视程度来看，地方政府越是重视地方金融的发展，地方金融体系越健全。比如温州地方金融体系、重庆金融体系。温州因民间金融而闻名，发达的民间金融市场及频频出现的高利贷问题引起了中央政府和地方政府的高度关注，并采取了有力措施，因而温州地方金融体系的建设走在了全国前列。温州在2011年就全面实施地方金融改革创新战略，这一战略包括1个总方案和8个子方案，子方案分别是：创建民间资本管理服务公司、发展小额贷款公司、发展股权投资业、做强股权营运中心、创办民间借贷登记服务中心、制定温州银行发展规划、农村金融机构股份制改革、创建地方金融监管中心。2012年国务院在温州设立了"温州市金融综合改革试验区"，更有力地推进了温州地方金融改革和发展。

具体到不同层级的地方政府，由于能力不一、地方经济发展特征及对金融服务的需求不同，因而地方金融体系发展的进展也不同，形成了各具特色的地方金融发展模式。所以，地方金融体系的发展需要符合地方经济运行特点的模式。

五、金融供给侧结构性改革的背景和建立金融控股集团的浪潮

习总书记在2019年2月十九届中央政治局第十三次集体学习中首次提出

金融供给侧结构性改革。金融供给侧结构性改革的目的之一就是提升金融服务实体经济的能力，让金融回归服务实体经济发展本源，包括促进中小银行和农村信用社回归当地、回归本源。金融供给侧结构性改革一般包括优化金融机构结构、优化融资结构、优化产品结构等方面，使金融的市场结构、经营理念、创新能力、服务水平适应经济高质量发展的要求。地方金融机构体系的改革与完善是金融供给侧结构性改革的重要构成部分。金融资源是有限的，具有稀缺性，金融资源的获取和配置合理与否影响着经济发展的质量。地方经济的发展必然要求地方金融的供给侧有效地实现对金融资源合理配置。在我国供给侧结构性金融改革的大背景下，地方金融业随之发展，但基于对利润的追逐，有些金融机构的业务偏离服务当地实体经济的本源，因而必须通过深化改革予以纠偏。

全球金融业呈现混业经营的发展趋势，即银行业、保险业、证券业等不同的金融业务在同一机构中开展或者是交叉渗透经营。在全球混业经营的浪潮和金融创新不断突破金融业务界限的背景下，我国金融业也呈现出混业经营的趋势，处于分业向混业过渡的阶段。2012年全国金融工作会议后，我国金融从分割走向融合，金融控股公司成为分业向混业发展的载体。2002年12月，我国第一家金融控股公司——中信控股有限责任公司成立，随后大量的金融控股集团出现，以控股的方式控制不同的子公司，而各个子公司分别在金融业的银行、保险、证券、信托等子领域中开展经营活动，分业经营的边界被打破。金融控股公司下的混业经营能够更有效地配置资源、共享信息、降低信息收集成本，提升竞争力。基于这些优势，各级地方政府为了提升地方金融的竞争力、形成合力、降低信息收集成本和更好地服务地方经济的发展，也涌现出建立地方金融控股集团的浪潮。

地方政府金融控股公司基本遵循地方政府推动、市场化经营的组建原则，代表性的模式有天津模式、合肥模式、上海模式、重庆模式等。其中，天津模式与合肥模式是纯粹的金融控股集团，上海模式采纳的是新加坡的淡马锡模式。湖南首家地方金融控股集团——财信金融控股集团有限公司于2015年

12 月成立，属于省级地方金融控股公司。湖南第一家地市级地方金融控股公司是 2016 年 4 月成立的常德财鑫金融控股集团有限责任公司。

六、金融科技的发展为健全地方金融体系带来新机遇

以互联网、大数据、云计算、人工智能、区块链为代表的金融科技在金融服务中广泛使用，极大地推动了金融服务模式和产品的创新，提高了金融服务的效率、扩大了金融服务的覆盖面、降低了金融服务的成本，改变了我们的生活。现在各传统金融机构、金融科技企业或是自我研发，或是相互合作不断深化金融科技平台的建设和金融科技相关产品的创新。地方金融体系在此背景下也应抓住金融科技带来的新机遇。

农村商业银行、小型城市商业银行等金融机构对金融科技的使用还处于起步阶段。金融科技虽然拥有降低服务成本、缓解信息不对称、提高金融服务效率，并有助于金融普惠的实现等优势，但由于在初始阶段的投入较大，而地方金融机构本身资本规模小、金融科技人才缺乏等导致金融科技还没有在地方金融机构得到充分的利用。随着各级地方政府与金融监管部门的重视，金融科技的投入持续增加、支持政策不断推出、数字化基础设施不断完善，金融科技与地方金融机构的结合必然会带来巨大的力量。地方金融体系特别是欠发达地区的地方金融体系的完善便可以搭上金融科技飞速发展的列车，通过数字化技术、线上渠道来补足地方金融服务的空白、降低金融服务成本、提升金融服务效率，克服金融服务"难贵慢"的问题，从而实现地方金融服务地方经济发展的目的。比如，地方金融机构不断引入和完善在互联网背景下的金融服务场景，以数字化方式和自身的地缘优势相结合获取各类信息资源，并发展"直销银行"和自助银行模式，以扩大金融服务覆盖面，更好地服务地方经济发展。

第二节 选题意义

在地方经济高质量发展和乡村振兴战略的要求下，通过研究地方金融体系建设的重要性、存在的不足和在金融科技背景下的发展机遇，探寻促进地方金融体系不断发展完善的路径，可以为促进地方金融更好地回归服务实体经济的本源提供理论依据和具体的策略建议。张家界市地处低收入地区，又是世界著名的风景名胜区。研究张家界市地方金融体系建设问题，为张家界市地方金融体系的健全提供建议，对推动张家界市经济绿色可持续发展具有重要的现实指导意义。

一、有助于推动地方金融体系建设相关理论的完善

目前国内关于金融体系的研究基本上是立足于整个国家的金融体系建设，尚未形成一个系统的、支撑地方金融体系建设的理论。虽有大量围绕农村商业银行、城市商业银行以及其他地方金融机构的研究，但都是针对某一类具体地方金融机构展开的，专门从整体角度研究地方金融体系的还比较少，因此地方金融体系建设的相关理论还未成体系。当前有关地方金融体系的观点和看法主要是实践界和政府部门提出的，具有很强的阶段性、政策性和地域性特征，但还缺乏相应的理论基础。由于地方经济可看成相对独立又与其他地方经济相互联系的经济体，本书借鉴和整合现有的金融发展等理论，将以整体金融体系为研究对象的理论迁移至地方金融体系的研究中，并以此为支撑，结合实际情况有针对性地研究张家界市地方金融体系建设问题。研究过程中将理论与具体实践相结合，提出推动地方金融体系建设的理论，从而为如何构建一个与当地经济发展特色相适应的地方金融体系提供思路与理论借鉴。

二、有助于为促进我国金融深化改革和普惠金融发展寻求有效路径

地方金融改革是我国金融改革的重要部分，发展地方金融机构、健全地方金融体系本身也有助于推动我国金融体系的完善。把问题聚焦到地方，能更清楚地发现金融改革发展中的问题，发现金融服务"最后一公里"的欠缺部分，从而更全面、更深入地了解金融问题。提高市场配置金融资源的水平和效率，是金融改革的核心。从地方金融体系这一局部而全面的领域出发来打通我国整体金融体系建设的"毛细血管"，优化资源配置，对推进我国经济高质量发展具有重要价值。地方金融体系的建设不是千篇一律的，不同级别的行政区域，比如省级和地市级，健全地方金融体系所包含的内容就有所不同。同是地级市，由于经济发展水平和结构、地理位置、支持政策等的不同，其地方金融体系建设的内容、模式、路径也不同。所以，对不同级别和不同地区的地方金融体系建设的探索可以为完善我国地方金融体系提供典型示范。

同时，地方金融体系的发展有助于促进普惠金融体系的快速形成。普惠金融体系是指能够有效地、全方位地为社会所有阶层和群体以可负担的成本提供服务的金融体系。地方金融机构的服务对象主要是地方经济社会中的中小微企业和"三农"主体，而这些主体是金融市场上的弱势群体，是普惠金融重点关注的对象。地方金融机构如农商行、农信社、村镇银行等扎根基层，在服务中小微企业和"三农"群体方面具有先天的优势。通过研究健全地方金融体系，寻求使地方金融机构之间形成合力的对策与路径，可以推进金融服务更好地适应弱势群体的金融服务需求，为推动普惠金融发展提供有效借鉴。

三、有助于为地方经济健康发展提供重要支撑

因为资本的趋利性，金融资源会流向利润较高的大型项目、大企业和发达地区，如全国性金融机构出于逐利目的往往将分支机构在本地吸收的存款

投向较为发达的地方，进一步加剧了我国经济发展的非均衡问题。而地方金融机构受业务范围的限制，经营区域仅限于或主要限于当地，主要服务当地的中小微企业与当地居民。比如对村镇银行的业务范围的限制就包括了"不得发放异地贷款""村镇银行发放贷款应首先充分满足县域内农户、农业和农村经济发展的需要；确已满足当地农村资金需求的，其富余资金可投放当地其他产业、购买涉农债券或向其他金融机构融资"。所以，地方金融机构基本可以确保本地企业和居民的储蓄存款转化为本地贷款，真正促进地方经济发展。为避免金融机构成为当地金融资源的"抽水机"，地方政府特别是经济欠发达地区的地方政府，借助地方金融机构来防止地方金融资源的流失，使金融资源合理配置到当地经济是十分必要的。而单一的地方金融机构难以实现这一目标，就需要一个与当地经济发展水平和结构相配套的地方金融体系来相互配合、相互补充，为规范地方金融行为、促进经济健康平稳发展和转型升级提供支撑。

在经济高质量发展的要求下，通过金融引导资源优化配置，引导资源流向产业结构升级的重点领域和急需资金的小微企业之手，并有效防范民间高利贷、金融诈骗等金融乱象是十分必要的。研究健全地方金融体系有利于为中小微企业多元融资、不断规范民间高利贷等地方金融乱象、提高金融服务地方经济的能力等提供对策建议。

四、有助于为地方政府调控经济提供有力手段

地方政府在地方经济社会生活中发挥着越来越重要的作用，但在分税制改革后，地方政府的财政收入有限，仅使用财政工具对地方经济调控能够发挥的作用有限。因此，借助金融手段弥补地方政府进行经济调控手段的不足，成为地方政府的普遍选择。但地方政府对全国性金融机构的影响有限，单一的地方金融机构和金融产品也难以满足地方经济多样化的需求，更难以形成促进经济发展的合力，因此金融服务机构种类多样，各金融工具互补配合的健全的地方金融体系成为地方政府调控经济的有力支撑。综上所述，对健全

地方金融体系的研究，有助于推动资金有效触达经济发展的重点和弱势领域，补足经济发展的"短板"，实现地方政府促发展、激发中小微企业活力、扶贫扶弱、支持乡村振兴等目标。

五、有助于提升张家界市金融服务实体经济的能力

在疫情影响下，张家界市的经济复苏、产业发展需要与之相适应的金融服务。地方金融机构立足于当地，对自身的经济现状、中小微企业和"三农"主体的基本情况更加了解，与企业和"三农"主体之间的信息不对称程度较低；地方金融机构发放贷款审批程序简单、放款快，契合中小微企业和"三农"主体融资需求"短、频、急"的特征；相对于全国性大型金融机构，地方金融机构规模较小，与地方经济主体——中小微企业和"三农"主体的融资需求规模小的特征更相适应。所以，不断探索优化张家界市地方金融体系的路径，推出多元化的、丰富的金融产品是有效解决地方经济主体融资困境最有效、最直接的方法，对提升地方金融服务中小微企业和"三农"等经济主体的能力、促进张家界市经济的平稳健康发展意义重大。

第三节 地方金融体系发展的阶段

在计划经济时期，"统收统支"特征明显，经济活动中基本没有金融需求，中国人民银行身兼中央银行与商业银行的职责，形成了"大一统"的银行体系。农村信用社作为我国地方金融体系的重要构成部分虽然在中华人民共和国成立初期就已经存在，但在 1958～1977 年，由于农信社的管理权下放到地方后出现了体制不顺、管理不善等问题，大量农信社处于破产边缘。改革开放后，为与国家整体金融体系发展相适应，地方金融机构与地方金融体系也逐渐发展起来。我国对地方金融体系的系统性建设是在近几年才开始关注并不断规范完善的，在之前，地方金融体系的建设仅处于对以农村商业银行、城市商业银行为代表的地方金融机构的改革发展上。

改革开放后，我国地方金融体系的发展可划分为三个阶段：第一阶段是1979～1992年地方金融机构涌现及风险积累阶段，该阶段的特征是地方政府严重干预地方金融业。第二阶段是1993年至21世纪初金融机构的"去地方政府化"阶段，1992年社会主义市场经济体制改革目标确定后，提出"市场在资源配置中起基础性作用"，地方政府对地方金融的干预减弱。第三阶段是21世纪初期至今，是地方金融机构正规化、地方金融体系发展模式多元化阶段，地方政府对地方金融体系建设的重视程度增强，开始扶持地方金融机构的发展。

一、地方金融机构涌现及风险积累阶段（1979～1992年）

我国的金融业改革发展起步较晚，改革开放后，经济的快速发展急需大量金融机构来满足日益增长的金融服务需求，为填补金融服务空白，我国逐渐恢复了中国农业银行、中国建设银行、中国银行、中国工商银行等。随着中农工建四大行的重设和恢复，经营性业务从中国人民银行剥离，中国人民银行专门行使中央银行职能，现代化的金融体系开始形成，地方金融机构也开始涌现。1979年，第一家城市信用社于河南省驻马店成立，随着城市非国有经济的快速发展，在全国各地兴起了组建城市信用社的高潮。1986年，《中华人民共和国银行管理暂行条例》出台，中国人民银行下放地方金融机构与金融市场的审批权、资金融通权与贷款规模的调剂权等，地方政府在很大程度上能够影响中国人民银行分支机构的决策，因而对地方金融机构具有了高度干预权。

与此同时，民间金融组织、乱办金融业务等金融乱象出现。比如20世纪八九十年代江浙等地会会、摇会等纷纷出现，在农村地区还普遍出现了农村合作基金会。部分农村合作基金会是在管理运营集体资产的基础上产生和发展的，具有产权不明晰、在运作中受到地方政府影响等问题，导致其在短时间内经历了快速发展和风险积累直至被取缔的过程。农村合作基金会的出现主要原因在于当时农村经济主体多元化且生产性金融服务需求旺盛，但当时的农村信用社由中国农业银行管理，经营效率低下，且机构少，难以满足经济主体的金融需求；由于地方政府承担着推动当地经济增长的任务，但资金问题成为一大制约，农村合作基金会在一定程度上能够满足地方政府部门调动地方资金资源的需求，因此，在地方政府的推动下，大量农村合作基金会如雨后春笋般出现。

其他非银行金融机构也纷纷复苏，如典当行和信托机构。典当行虽然在我国已有1000多年的历史，但在计划经济时期曾被取缔，直到1987年，随着个体经济与民营经济的发展，大量生产性和生活性金融需求释放出来，全国各地典当行随之复苏，如1987年11月湖南省邵阳市永泰昌当铺正式开业，12月成都华茂典当服务商行成立。但当时典当行存在多头审批、无人监管、违规经营等乱象。

在1979年我国第一家信托机构（中国国际信托投资公司）成立后，为适应当时国民经济的发展，中国人民银行总行于1980年指示分行在有条件的地区可积极开办信托业务。随后，各地方政府积极组建信托投资公司，来增加地方政府除银行信贷之外筹措建设资金的渠道。四大行在重建和恢复银行业务初期受到中国人民银行对信贷规模的限制，为突破此限制，各银行与地方政府合作将银行存款转给信托投资公司，信托投资公司变相从事银行信贷业务，导致贷款规模大幅增加，引发了通货膨胀。

所以，在这一阶段，随着个体经济、民营经济与地方政府金融服务需求的释放，城市信用社、农村合作基金会、典当行等地方金融机构涌现，同时地方政府对全国性金融机构如中国人民银行分行、四大行与信托公司的分支机构具有较高程度的干预。金融风险也在地方金融机构涌现和违规经营的过程中迅速积累。

二、金融机构的"去地方政府化"阶段（1993年至21世纪初）

随着金融风险的不断积累和金融乱象的频出，20世纪90年代初，中央开始整顿金融乱象。1993 年底，国务院发布《关于金融体制改革的决定》，提出确立强有力的中央银行宏观调控体系，建立政策性银行以分离政策性金融与商业性金融业务，中农工建四大行则由专业银行向商业性银行转变，明确证券公司、信托公司等非银行金融机构的业务等。在此阶段对城市信用社、典当行、信托公司、农村合作基金会等在不同程度上进行了整顿。

1995 年，《中国人民银行法》出台，中国人民银行上收地方分支机构对国家专业银行和其他商业银行的资金融通权。同年，《商业银行法》颁布，强化商业银行的统一法人体制，商业银行总分行之间实行严格的授权授信制度。国有商业银行总行相继上收地方分行的资金和贷款管理权，地方政府也失去了对国有商业银行分支行的人事任命权。自此以后，地方政府对全国性商业银行的影响力、对金融资源的控制力大幅减弱。1998 年，国有商业银行开始大规模撤离农村地区，基层金融机构空白成为广受关注的问题。

城市信用社在 20 世纪 80 年代的快速发展中凸显了内部控制机制不完善、业务经营背离审慎经营原则等问题，因此各方面加强了对城市信用社的改革力度。1993 年，中国人民银行总行责令各省分行停止审批新的城市信用社，并对城市信用社的越权超规模审批问题进行清理。1995 年，城市信用社逐渐被整顿并组建为城市合作银行，1998 年，城市合作银行改名为城市商业银行。

针对典当行、信托投资公司和农村合作基金会在快速发展阶段存在的管理混乱、业务偏离等乱象，1993 年，国务院发文明确了典当行业由中国人民银行来监管。同年，中国人民银行下发了《关于加强典当行管理的通知》，将典当行定义为非银行金融机构。1996 年 4 月，中国人民银行颁布《典当行管理暂行办法》，对全国典当业不符合规定的批准设立、吸收存款和信用贷款等业务进行了清理整顿。此阶段对信托投资公司的整顿主要有：1993 年，中国人民银行开始全面清理各级分支机构越权批设的信托投资公司。经过整顿，大多信托投资机构包括地方性机构被撤销或合并。1999 年，再一次整顿信托业，一些规模小、濒临破产的信托机构被清退，强调让信托业回归本业。

同年，农村合作基金会由于产权不清晰、政府干预过多、管理不善等问题爆发风险，被国务院严令统一取缔。

这个阶段的金融运行具有"去地方政府化"特征，金融机构的决策权层层上移。随着中国人民银行上收分支机构的资金融通权、四大行总行上收分支机构的资金和贷款管理权、典当行和信托公司的业务被规范、农村合作基金会被全面取缔，地方政府对金融资源的配置权大多被中央收回。而地方政府则主要通过参股和控股的方式重组和建设农村信用社、城市商业银行，以重塑地方金融体系。

三、地方金融机构正规化、体系发展模式多元化阶段（21世纪初期至今）

首先，在银行业金融机构方面，主要体现在对存量金融机构的改革和对增量金融机构的设立及广泛布局来实现正规化、市场化运作。存量金融机构的改革主要以农村信用社的改革为重点，2003年，国务院颁布《关于深化农村信用社改革试点方案的通知》，允许各地农村信用社因地制宜地选择符合实际的产权模式和组织形式，拉开了建立农商行等地方金融机构的序幕，农村信用社开始进行体制机制改革，改革方式为改为农村商业银行或农村合作银行，或者规范为农村信用社。同时，由省级政府负责农村信用社的管理和风险救助，各省纷纷成立农村信用社联合社来对农村信用社实施监督管理。2010年，原银监会发布的《关于加快推进农村合作金融机构股权改造的指导意见》提出，现有农村合作银行要全部改制为农村商业银行，符合条件的农村信用社改制组建为农村商业银行。农村信用社改革进入改制为农村商业银行的新阶段。随着信用社向商业银行的改制，城市和农村商业银行的运作体现市场化、规范化特征，机构的自主经营能力提高，从而以更丰富的产品和多元化的方式服务地方经济。

在增量金融机构的设立和广泛布局方面，中国邮政储蓄银行、村镇银行、互联网银行的发展进一步丰富了银行业金融机构类型。2006年6月，原银监会批准筹建中国邮政储蓄银行，其营业网点大多分布在县及县以下农村地区，成为我国分支机构和网点数量最多的银行，为广大基层和农村地区的居民提供基础性金融服务。2006 年 12 月，在社会主义新农村建设的要求下，为解决地方尤其是农村地区金融机构短缺、金融服务供给不足的问题，原银监会发布了《关于调整放宽农村地区银行业金融机构准入政策　更好地支持社会主义新农村建设的若干意见》，村镇银行、贷款公司和资金互助社这三类服务于地方经济的新型农村金融机构成立，其中，村镇银行发展较快，逐渐成为地方金融体系的中坚力量。2013 年，国务院发布的《关于金融支持经济结构调整和转型升级的指导意见》提出，"尝试由民间资本发起设立自担风险的民营银行、金融租赁公司和消费金融公司等金融机构"，随之以网商银行、微众银行为代表的互联网银行挂牌成立。互联网银行具有拓展金融业务线上渠道的优势，从而有利于破解地方金融机构不足的困境。

其次，在非银行金融机构方面，小额贷款公司、融资担保公司等多元化的机构出现。在地方经济快速发展过程中个体工商户、中小微企业群体不断扩大，银行业金融机构已经难以满足这些主体对金融服务的多样化、特色化需求，小额贷款公司、融资担保公司等机构应运而生，在地方经济发展中的重要作用凸显。2008 年 5 月，在部分地区探索小额贷款公司发展的基础上，原银监会和中国人民银行出台了《关于小额贷款公司试点的指导意见》，小额贷款公司开始迅猛发展，逐渐成为地方金融体系中的重要构成部分。为中小微企业融资保驾护航的融资性担保公司在 2003 年《中华人民共和国中小企业促进法》发布后大量涌现，并具有多元化发展趋势。2009 年，国务院办公厅发布的《关于进一步明确融资性担保业务监管职责的通知》明确了地方政府对融资性担保业务的监管职责，融资担保体系进入规范化发展阶段。为了加强对地方金融机构的管理，各级地方政府在中央的相关要求下成立"金融办"，肩负着地方金融管理和发展的双重职责。自 2002 年上海金融办成立以来，在之后的 10 年，基本上各省份乃至区县纷纷成立了金融办及相关部门。

最后，地方金融体系的发展模式开始不断多元化。2008 年后，受金融危机的影响，我国经济发展面临巨大压力，为实现区域经济的持续健康发展与转型、发挥金融的资源整合与配置功能、体现金融子行业的协同作用，迫切需要地方金融的统筹发展，浙江东方、山西金控、东莞控股等一批地方政府金融平台涌现。上海的"国际模式"、天津的"泰达模式"、重庆的"渝富模式"和温州的金融综合改革模式等典型的地方金融体系建设模式出现。其中，2012 年设立的浙江温州金融综合改革试验区，是我国首个国家层面的金融综合改革试验区，这种进行"自下而上"的金融改革探索，标志着我国的金融改革进入到加强地方金融体系建设阶段。

这一阶段的银行业金融机构和非银行金融机构类型持续增加，与此同时，相关部门通过相继出台各类文件，不断推进地方金融机构向规范化、正规化和市场化的方向发展。在地方金融机构的日益丰富下，地方金融体系也进入到了加强构建的阶段，发展模式呈现出多元化特征。

第四节　地方金融体系的研究动态

一、地方金融体系相关概念的研究

"地方金融"是个模糊的概念，学术界和实务界从服务范围、产权属性、管理机构等多方面理解地方金融。大量学者认为具有"地域性"的金融组织或业态均应属于"地方金融"。武志（2006）认为，地方金融是自 20 世纪 80 年代以来，与国有金融相对应的由地方政府直接或间接扶持成立的为体制外经济增长提供金融支持并以某一个或某几个地域作为业务经营区域的金融机构的总称。洪正和胡勇锋（2017）认为，地方金融是指在一定行政区域内设立的，管辖权和审批权在地方人民政府，主要为当地居民和企业提供金融服务的金融机构与金融市场。刘志伟（2020）根据财政部颁发的文件，认为地方金融包括地方参股、控股的金融企业，也包括由地方政府监管的金融企业，如由地方政府审批的小额贷款公司和融资担保公司。

与地方金融概念密切相关的是地方金融机构，有些研究并未严格地区分地方金融与地方金融机构。王硕平（2004）认为，地方金融机构是由地方政府、企业和个人独资或控股组建、经营管理，法人在本地依法注册的经营金融业务的机构。李天忠和王淑云（2009）认为，广义的地方金融包含了两层含义：一是全国性金融机构在一定行政区域设立的分支机构；二是在一定行政区域设立的与地方政府事权相适应的地方金融机构与业务，即狭义的地方金融。陆岷峰（2020）从隶属关系上界定地方金融机构，认为隶属关系在省及省级以下政府的为地方金融机构。

金融体系是以金融产品交易为基础的由金融制度、金融机制、金融市场、金融机构和金融监管等构成的有机系统（王国刚和林楠，2014）。地方金融体系是指在一定的行政区域内的金融"有机系统"，是由若干地方金融机构组合而成的一个为地方经济发展融通资金的有机整体。

本书的地方金融体系所包含的地方金融组织是以服务范围来界定的，主要包括由地方政府与地方金融监管机构批准成立的在本地区开展金融活动的融资担保机构、小额贷款公司、典当行、农商行、村镇银行和保险公司等金融和类金融机构，即狭义的地方金融体系。广义的地方金融体系还包括上一级地方政府和金融监管机构批准成立的在本地区开展金融活动的分支行和营业部等，如中国农业银行等全国性大型金融机构在本地区设立的分支机构等。

二、关于地方金融体系发展困境及不足的研究

我国地方金融发展还存在资金规模较小、业务单一、未找准市场定位、法人产权机制不健全、制度不健全等问题（李天忠和王淑云，2009）。陈一洪（2017）认为，大部分省辖市难以拥有一个完整的地方金融体系，地方金融机构组织体系还存在很多不完善之处，比如信托公司、消费金融公司等地方性金融机构在很多地方还是空白的。目前，地方金融的总体规模还不能与地方经济的实力相匹配，地方金融机构对地方经济发展的主体——小微企业

以及新兴产业的支持不足。陆岷峰（2020）也认为，我国有些地方的必需金融机构还存在空白，有些地方的金融机构功能重复，还处于较杂乱的状态；并且地方金融资源对于广大中小企业和"三农"领域的需求来说还比较欠缺。

地方性金融机构中的城市商业银行、农村商业银行业务存在同质化问题，经营上向大型股份制商业银行看齐，而村镇银行也出现"嫌贫爱富"的现象，地方金融机构还未发挥促进地方经济发展的作用（尹振涛，2012）。吕铖钢（2017）认为，我国地方金融的发展存在金融异化现象，而地方政府在财权与事权不对等下形成的巨额融资需求以及大量的民间投资需求成了地方金融异化的两大推力。

三、对不同地区地方金融体系的研究

对地方金融体系的研究需要具体到一个特定的地区，诸多文献针对省级或地市级的地方金融体系进行了具体研究。

在省级地方金融体系的研究方面。何运信（2006）基于当时浙江省地方金融资源分散、地方金融机构规模小、金融资源有待整合、地方金融发展不平衡等背景研究了发展浙江省地方金融控股集团的必要性，认为金融控股集团具有规模经济和范围经济优势，地方金融控股集团可以有效整合分散的地方金融资源、促进集团内较弱的金融机构发展、通过母公司补足地方金融机构资本金、完善治理结构和管理能力、提升竞争力等。胡斌（2012）基于吉林省的现状，总结了吉林省地方金融机构存在资本量不大、业务结构不优化、资产质量欠缺等缺陷，因而在推动地方经济发展时作用有限，提出了要借鉴上海、重庆等地的成功经验构建吉林省金融控股集团，以对金融资源进行有效整合。张华丽（2016）总结了山西省地方金融存在的问题，包括地方金融机构规模小、分布较散；服务范围基本集中在本省；存在金融机构市场失衡的问题，主要表现在未能实现"蓄水池"功能和缺乏融资租赁等金融机构；还未实现以金融控股集团形式的金融综合经营，并提出了要建立地方寿险公司、地方资产管理公司等来完善地方金融机构体系的建议。

在地市级地方金融体系的研究方面。民间金融发达的温州地区进行了地方金融综合改革，主要着力点放在规范民间金融、完善地方金融监管体系等方面（张震宇和柯园园，2014）。易元芝（2015）探讨了温州地方金融组织体系的发展，总结了相关经验，包括将民间资本多渠道地引入村镇银行等地方金融组织，并不断将民间金融规范化，同时完善金融基础设施平台。

此外，还有县域金融体系的研究，如张志军和刘文义（2011）以我国东北地区县域金融服务体系模式为对象，认为通过构建综合性的金融服务体系，实现对金融服务渠道的整合，并充分发挥县域金融体系在县域经济发展中的作用。付榕和王静（2015）以我国西部民族地区的县域金融体系为对象，认为县域金融体系存在六大问题，包括金融机构覆盖率较低、信用体系滞后、资金流出严重、金融服务产品单一、对民间借贷的管理与引导不足、金融体系创新不足。

四、关于地方金融的优势及促进地方经济增长作用的研究

地方金融机构服务当地经济的优势在于了解当地的企业，从而可以降低信息不对称和交易成本；地方金融机构还具有灵活、自主权大的优势（徐冯璐，2018）。Berger 等（2015）的研究表明小银行在减少本地企业的财务约束方面具有比较优势。

彭建刚和韩忠伟（2002）以长沙市为例，研究城市商业银行对城市经济的支持作用，主要包括吸引资本与人力、支持中小企业、提供金融支撑三个方面。王春阳和黄子骥（2014）从宏观层面和微观层面验证了地方金融发展在促进地方经济增长和企业快速成长方面的作用。郭峰和熊瑞祥（2018）研究了地方金融机构对地方经济增长的作用，发现地方金融机构通过为企业提供贷款促进了企业成长进而促进了地方经济增长。邹伟和凌江怀（2018）梳理了国内外学者关于金融发展促进经济增长的研究，并通过实证分析发现在金融发展水平较低的地区，地方政府干预金融有利于地方经济的发展，提出地方政府干预地方金融需要在尊重市场的基础上，引导金融服务实体经济。在国外研究方面，Hasan 等（2018）研究了地方银行市场结构对中小企业融资的影响，得出的结论是：相对于外资银行入驻，地方合作银行的强势地位有助于地方中小企业获得银行融资，降低财务成本，促进投资，有利于中小企业的发展，并发现外来银行可能会将小银行挤出本地金融市场。

地方金融机构在县域金融市场上具有本土优势，具有地缘关系的信息优势，县域本身也是一个行政区域，当把地方金融的行政区域聚焦在县域，就形成了县域金融的研究。石全虎（2009）从理论层面梳理了县域金融对县域经济发展的作用，主要包括在县域范围内筹集资本、调整产业结构、带动其他生产要素的流动，认为县域金融与县域经济具有双向促进作用，县域经济决定县域金融的发展，但县域金融也通过吸纳储蓄、促进储蓄向投资转化、提高资本的边际生产力而反作用于县域经济的增长。

五、关于地方金融发展路径的研究

对于地方金融的发展路径，大量学者指出应构建一个完善的地方金融体系，并且借助科技来实现这一目标。建立地方金融控股集团是构建完善的地方金融体系的一条主要路径，而加强地方金融监管与金融治理是地方金融体系健康发展的保障。

构建完善的地方金融体系是突破地方金融发展困境的基本路径。钱水土（2006）以浙江为案例研究了县域金融体系的重构，在国有商业银行大量撤并分支机构而地方金融主体需求旺盛的供求失衡背景下提出了要对存量金融机构进行改革，并设立区域股份制商业银行、规范非正规金融的发展、建立多层次保险机构等建议。中国人民银行杭州中心支行课题组（2009）基于浙江省地方金融体系存在的主要以银行业为主、证券业和保险业发展滞后、信托等其他金融机构发展不足的现状，提出了要健全和完善以地方银行业、地方证券业、地方保险业、非银行类地方金融机构组成的地方金融组织体系、股权投资机构体系，构建地方金融控股公司等。张蕾（2014）提出，为适应经济发展的要求，需要构建全面配套的地方金融组织体系，主要包括完善银行业组织体系、证券业组织体系、保险业组织体系，以及鼓励和引导金融租赁、信托、担保公司等非银行金融机构的发展。陈一洪（2017）通过总结地方金融发展存在的困境，认为地方金融的发展路径主要应从增加地方金融机构数量入手，构建一个完整、全功能、系统的地方金融机构体系，以及发展地方多层次资本市场，建立地方普惠金融体系，鼓励金融机构进行产品创新等。孙烁和李振中（2019）从为小微企业发展服务的角度指出地方金融要积极应用新的科学技术，发展直接融资，来破解小微企业融资渠道单一的问题。

建立地方金融控股集团是构建完善的地方金融体系和地方金融综合性发展的一条重要路径。地方金融控股集团主要包括纯粹型、经营型和产融结合型（邵靖和杜彦坤，2014）。倪鹏飞和黄斯赫（2011）指出，地方国有金融控股集团能够很好整合地方金融资源，是推动地方经济发展的重要载体，建立地方国有金融控股集团可以降低金融机构的交易成本，发挥金融机构之间的协同效应，促进业务创新特别是合作创新，同时能够推进当地金融中心的建设。在关于省级地方金融体系发展的相关研究中，有大量学者提出要构建地方金融控股集团。徐冯璐（2018）针对浙江省在"一带一路"建设中民营中小微企业面临的融资难问题，提出组建浙商金融集团，为"一带一路"提供"一站式"金融支持方案。但为了规范金融控股公司行为，加强对非金融企业等设立金融控股公司的监督管理，防范系统性金融风险，中国人民银行于2020年9月发布了《金融控股公司监督管理试行办法》，对金融控股公司的设立设置了严格的条件，如在注册资本上，规定了实缴注册资本额不低于50亿元，且不低于直接所控股金融机构注册资本总和的50%，这致使很多想要通过设立地方金融控股公司加强地方金融体系建设的县市难以达到所要求的设置条件。

国内外有大量文献专门研究金融控股公司。美国是由分业经营走向混业经营的典型，设立金融控股公司模式就是其走向混业的方式。所以，关于美国金融控股公司的研究较多。Lo和Lu（2009）对我国台湾地区的金融控股公司进行研究，认为 14 家金融控股公司（FHC）通过投资银行、证券和保险不同类型的金融业务，发挥管理保护伞的作用。Chei-Chang Chiou（2009）研究了我国台湾地区金融控股公司对银行效率和生产力的影响，结果发现，银行设立或加入金融控股公司并没有改善其效率和生产力，反而是因为银行自身具有较好的效率和生产力才设立或加入金融控股公司。很多文献研究金融控股公司的利与弊，如研究金融控股公司对银行稳定性的影响。Raykov 和 Silva-Buston（2020）认为，银行控股公司在面对负面冲击缓解风险方面发挥了重要作用，相比于单个机构，金融控股公司面临着更多的监管。

关于完善地方金融管理体制、地方金融治理推动地方金融发展方面的研究。钟海英（2013）在农商行、城商行、村镇银行、小额贷款公司等地方金融机构与准地方金融机构蓬勃发展的背景下，提出了从明确界定中央与地方金融管理权限、整合强化地方政府部门的金融管理职能、明确地方政府金融管理的职责边界等方面完善地方金融管理体制的建议。吴曼华和田秀娟（2020）分析了我国地方金融监管面临的如地方政府金融监管激励不足等现实困境，提出了完善地方金融监管体制的政策建议。向静林和艾云（2020）认为，以地方政府为主体对地方金融的治理可从技术治理、结构治理以及环境治理这三个维度展开，其中，技术治理是以技术化、规范化等方式治理地方金融活动的各个环节；结构治理是培育、扶持或调控地方金融组织的形成；环境治理是完善地方法规、征信体系、消费者保护等基础设施。胡继晔和董亚威（2021）认为，由于中央政府和地方政府的金融监管目标不同使地方金融监管机构在促进地方经济发展和防范金融风险方面存在矛盾，他们构建了中央与地方的博弈模型来探讨如何防范地方金融风险问题，提出了限制地方金融监管的裁量权等建议来完善地方金融监管体制。姜宇（2021）基于我国现行地方金融监管存在的矛盾提出了对地方金融监管体制进行改造的相关建议。

综上所述，金融对于经济发展的重要性毋庸置疑，大力促进地方金融发展、完善地方金融体系也得到各级地方政府的普遍重视。大量文献从地方金融体系的各个方面展开研究，如地方金融发展困境及服务欠缺、地方金融的优势及促进地方经济增长的作用、地方金融发展路径策略等。还有大量关于城市商业银行、农村商业银行、县域金融机构的微观研究。对不同地区地方金融体系的研究则提出要以地方金融控股集团等形式来促进地方金融体系的综合性发展等。但总体来说，以地方金融作为一个完整的体系进行学术研究的还较少，开展相关研究的多是在人民银行等职能部门工作的研究者。现阶段构建与完善地方金融体系相关的内容多出现在地方政府文件和媒体报道中。在此背景下，本书梳理相关研究者的观点，以张家界市地方金融体系为具体研究对象，根据张家界市的实际情况研究地方金融体系面临的问题、原因、机遇等，从而提出健全张家界市地方金融体系的具体思路、原则、重点任务与配套措施，为指导其他地方金融体系的建设和完善提供有价值的参考和借鉴。

第五节　研究方法

本书采用了多种研究方法探讨张家界市地方金融体系的建设。如采取理论与实践相结合的研究方法，在金融发展理论、金融结构理论、金融风险理论、普惠金融理论等的指导下，结合张家界的经济发展实际分析张家界地方金融体系存在的问题、探讨未来的完善策略。具体的研究方法包括案例分析法、对比分析法、调查研究法、定性分析法和规范分析法等。

一、案例研究法

本书的研究对象是张家界市地方金融体系，深度分析张家界市地方金融体系的基本情况，剖析张家界市地方金融体系建设存在的问题及问题产生的原因，并探索解决问题的对策。同时以地方金融体系发展较成功、具有代表性的地区为例，进行具体、仔细的梳理，如湖南省常德市的地方金融体系建设、浙江省温州市的地方金融体系建设、重庆市地方金融体系建设等，通过对地方金融体系建设较成功的地区进行案例分析，提取出可供张家界市地方金融体系建设借鉴的经验。

二、对比分析法

对比分析法有助于突出研究对象的特征与不足，本书主要采用横向对比法，以更好地体现张家界市经济发展的特征和地方金融的基本情况。例如，在分析张家界经济结构特征时将其与湖南省其他市州进行对比，以凸显张家界市经济发展的不足和以旅游服务业为主的经济结构特性；在分析张家界市地方金融体系的构成、现有机构的类型时与常德市进行对比，以此来突出张家界市在各种类型金融机构发展和业务运营方面的欠缺和数量的不足，从而凸显健全张家界市地方金融体系的紧迫需求。

三、调查研究法

课题组深入张家界市政府部门、金融监管部门、融资担保集团等金融机构、产业园区、中小企业等进行访谈和收集资料，把握张家界的经济发展情况、金融体系构成现状、中小企业的金融服务需求、监管部门以及政府相关部门对于张家界市地方金融体系的看法等。同时前往湖南省常德市进行调研，深入常德市金融办、财鑫金融控股集团等金融机构等收集常德市地方金融体系的相关资料，以更好地把握该案例，梳理其成功经验。课题组还走访了湖南省地方金融监督管理局、湖南省农业担保集团、邵阳市农商行和金融办、岳阳市农商行、长沙县农商行等，并进行了大量的农户调研，了解地方金融体系建设的相关政策和进展、地方经济主体的金融服务需求等，以从金融更好地服务实体经济的本源出发谋划地方金融体系建设。

四、定性分析法

全书较多使用定性分析法，比如在对其他地区地方金融体系发展情况的梳理和可供借鉴的经验分析方面以及在张家界市目前地方金融体系发展出现的问题、面临的机遇和挑战等的分析方面。本书在进行定性分析问题时基本遵循理论与实际相结合的原则。在研究张家界市地方金融体系自身特点与借鉴成功经验的基础上，演绎、归纳、总结出健全张家界市地方金融体系的具体思路、原则、目标与重点任务。

五、规范分析法

规范分析法主要回答"应该怎么样"的问题。本书在研究了张家界市地方金融体系现状、分析地方金融体系自身存在的不足以及在服务实体经济时存在问题的基础上，借鉴温州市、常德市、重庆市等地成功的做法，并结合张家界市自身的优势提出应该构建一个种类多样、产品多元、覆盖面广的地方金融体系，以更好地服务张家界市的特色产业、中小微企业和"三农"群体。

第六节　研究思路

一、总体思路

本书遵循从一般到具体的思路展开研究，第一章绪论和第二章地方金融服务体系概述与研究的理论基础是一般视角，从第三章开始具体到张家界市地方金融体系的研究。总体研究思路如下：绪论——地方金融服务体系概述与理论基础——张家界市地方金融体系的发展现状与 SWOT 分析——完善地方金融服务体系的经验启示——健全张家界市地方金融体系的思路、原则及目标，重点任务和配套措施。绪论部分从我国地方金融发展的一般视角分析了研究背景、发展动态和研究动态。第二章介绍了地方金融体系发展的相关概念与研究的理论基础。第三、第四章是对张家界市地方金融体系的发展现状、问题、面临的机遇与挑战等的分析。第五章在对相关案例分析的基础上研究了地方金融体系建设的成功经验。第六章、第七章针对性地提出张家界市地方金融体系发展的思路、原则、目标、重点任务与配套措施。

二、具体思路与研究框架

按照上述内容展开研究，本书形成了一个健全张家界市地方金融体系的包括理论、经验借鉴、张家界地方金融体系自身发展特色与完善路径的完整框架。

第一章是绪论。本章从一般意义上分析了地方金融体系发展的背景、健全地方金融体系的意义，地方金融体系的发展动态与研究动态，本书的研究思路与研究方法。

第二章是地方金融服务体系概述和研究的理论基础。本章剖析了地方金融服务体系的概念、功能，我国地方金融服务体系建设的相关政策举措和取得的成效，梳理了金融发展理论、金融结构理论、普惠金融理论、金融风险理论、供给侧结构性改革理论以及财政资金的杠杆效应等，为后文的研究奠定理论基础。

第三章是张家界市地方金融体系的发展现状。本章聚焦张家界市的经济发展特征，分析在经济高质量发展、乡村振兴等背景下面临的资金短缺、政府缺乏经济调控工具、财政支持产业投入方式单一等基本问题，在梳理了张家界市金融服务体系的构成与现状、金融服务实体经济的情况等基础上，剖析了张家界市地方金融服务体系存在的问题及原因。

第四章是张家界市健全地方金融服务体系的 SWOT 分析。本章基于 SWOT 分析矩阵分别剖析了张家界市地方金融发展的优势、劣势、机遇与威胁，并提出了张家界市地方金融体系建设的战略组合和战略步骤。

第五章是部分省市完善地方金融服务体系的经验启示。本章以湖南省常德市、浙江省温州市以及重庆市的地方金融体系建设作为案例，介绍典型地区地方金融服务体系建设的基本情况，总结可供张家界市地方金融体系建设借鉴的经验。

　　第六章是健全张家界市地方金融服务体系的思路、原则及目标。

　　第七章是健全张家界市地方金融服务体系的重点任务和配套措施。本章具体落脚到张家界市地方金融体系该如何去建设和完善上。

　　本书立足于金融更好地服务实体经济发展的目标，以张家界市地方金融服务体系建设为研究对象，通过研究张家界市地方金融服务体系的现状、存在的问题及原因，探寻张家界市地方金融服务体系建设的"短板"，借鉴常德市等地方金融服务体系建设的成功经验，探寻张家界市完善地方金融体系框架的具体思路、重点任务和相关策略，为优化张家界市地方金融结构、丰富金融机构和产品、推动张家界市金融供给侧结构改革提供决策参考，以更好地服务地方经济发展。研究思路如图 1-1 所示。

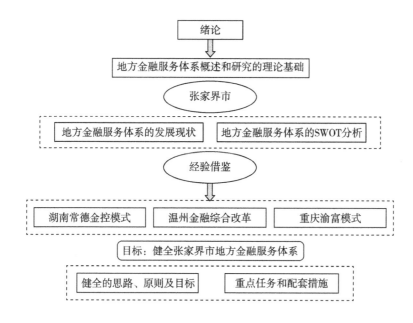

图 1-1　研究思路

第二章　地方金融服务体系概述和研究的理论基础

第一节　地方金融服务体系概述

一、地方金融服务体系的概念

地方金融服务体系是一个区域金融的概念，是指在一个地区内金融服务体系的总体发展情况。从狭义上来说，地方金融服务体系是指地方金融机构体系。从广义上来说，地方金融服务体系除了地方金融机构体系之外，还包括地方金融产品体系、地方金融市场交易体系、地方金融监管体系、地方信用体系、地方融资担保体系等。

（一）地方金融机构体系

地方金融机构体系是指在一定区域内形成的层次丰富、种类多样的金融机构和类金融机构，它们之间能够协调配合、功能互补，为当地各经济主体提供所需的个性化、多种类的金融服务，充分发挥金融服务地方实体经济的功能。金融机构具体包括商业银行（主要有农村商业银行、城市商业银行、村镇银行、股份制商业银行、国有大型商业银行等)、证券公司、保险公司、信托公司、基金公司等。类金融机构具体包括融资租赁公司、典当公司、小额贷款公司、地方金融资产管理公司、融资担保机构、商业保理公司、地方性金融控股集团、各类地方性交易场所等。

（二）地方金融产品体系

地方金融产品体系是指在一定区域内地方金融机构为各经济主体提供符合其特点和实际金融需求的一系列金融产品与服务。地方金融产品与服务具体包括信贷、储蓄、投资理财、咨询、保险、信托等品种。多样化的地方金融产品体系可以满足地方各经济主体个性化的、特色化的金融产品与服务需求。为此，各地方金融机构往往需要从当地实际状况出发，针对各经济主体的金融服务需求，加大金融产品与服务创新力度。

（三）地方金融市场交易体系

金融市场交易体系是开展金融活动的重要交易场所，地方金融服务体系功能的发挥离不开市场交易体系。地方金融市场交易体系是指在一定区域内形成的多层次、交易品种多样化的金融交易场所的总称，可以更好地满足各经济主体的金融服务需求。除银行借贷市场外，各地还需要建立地方性的金融交易平台、地方性的金融交易市场体系，具体包括场外交易市场、区域性股权市场、非上市股权交易市场、金融资产交易市场等各类交易场所。

（四）地方金融监管体系

由于金融活动充满了不确定性和风险性，且这种风险具有很强的外溢性，因此需要加强对地方金融业的监管。地方金融监管体系是指对本辖区内的金融活动和金融机构等进行监管，具体包括金融监管机构、金融监管制度规范、金融监管法律法规条例等内容，是地方金融服务体系的重要组成部分。2017年以来我国各地纷纷制定并发布了地方金融监督管理条例，对辖区内的地方金融机构和金融活动进行监管，以防范和化解地方金融风险。

（五）地方信用体系

地方信用体系是指在一定区域内形成的以各经济主体的信用信息为支撑

来便利金融机构对当地经济发展进行支持的体系。地方信用体系是地方金融服务体系的重要组成部分，是地方经济高质量发展的外部条件，可以有效改善当地信用环境、促进当地经济发展，有利于形成稳定有序的地方金融服务体系，提升当地金融服务水平，进而更好地为地方实体经济服务。

（六）地方融资担保体系

地方融资担保体系是指在一定区域内，依法设立的为中小微企业、"三农"等融资主体提供担保增信服务的由担保机构所组成的体系。地方融资担保体系可以探索适合当地各经济主体金融服务需求特点的担保方式，不断扩大有效担保物的范围，发展各种类型的融资担保机构，构建广覆盖、多层次的融资担保体系，有效解决金融机构为各经济主体提供信贷服务时面临无合格抵押、无有效担保的难题，帮助各经济主体更便捷地获得业务发展所需要的资金支持。

二、发展地方金融服务体系的作用

金融是现代经济的核心，建立健全一个规范有序、功能完善、多元化的地方金融服务体系，可以增加当地金融服务供给规模、提高金融资源配置效率、不断优化金融结构、强化金融风险管理。通过充分发挥地方金融服务体系的上述功能，可以有效防范地方金融风险，创造良好的金融生态环境，更好地利用金融来服务当地实体经济，实现产业转型升级，促进地方经济可持续、高质量发展。

（一）增加金融服务供给规模

地方金融服务体系不仅包括大型国有商业银行、中小型银行，还包括保险机构、基金公司、证券机构等。通过不断完善当地金融服务体系，可以有效解决现有金融机构类型单一、规模小、覆盖面窄等问题，有效增加当地金融服务供给规模，夯实金融服务"三农"和中小微企业的组织基础（袁彪，2016），更好地满足经济主体特别是中小微企业、"三农"等主体的多样化、全面性的金融服务需求，提高金融服务当地实体经济的能力。

（二）提高金融资源配置效率

健全、高效率的地方金融服务体系，能够有效动员及汇集政府、企业、个人等各经济主体的闲散资金，并以贷款、投资等方式将资金提供给需要资金的企业和个人，促使资金在盈余者与赤字者之间实现融通。地方金融服务体系可以引导金融机构将资金配置到效益最高的部门和行业当中，提高金融资源配置效率和资金使用效率，不断拓展为当地实体经济服务的广度和深度，促进区域经济发展。同时，地方金融服务体系响应政府供给侧结构性改革举措，加强对高新技术企业、战略性新兴产业等的金融服务支持，促进地方经济转型发展。

（三）不断优化金融结构

建立健全地方金融服务体系，可以不断丰富和优化金融机构结构和金融产品结构，更好发挥金融市场的功能，逐渐增加金融机构的种类，不断提高直接融资占比，为各经济主体提供相适应的金融服务。

一是不断优化金融机构结构。金融机构不仅包括商业银行，还包括证券机构、保险机构、融资担保机构、信托公司、金融资产管理公司、金融中介服务机构等。其中，商业银行主要为各经济主体提供信贷、储蓄、投资理财、咨询等服务。证券机构、保险机构分别为各经济主体提供股票和债券发行上市和交易、保险等服务。融资担保机构主要为各经济主体融资提供信用担保服务，可以帮助解决各经济主体融资时面临的信用不足的问题，有效防范与化解地方金融风险。信托公司、金融资产管理公司、会计及审计事务所等金融中介服务机构可以为各经济主体获得金融机构的资金支持提供配套服务。

二是不断优化金融产品结构。各经济主体需要金融机构全面的金融服务，除融资服务之外，还需要结算、汇兑、保险、担保、金融资产管理、投资理财、财富管理等其他服务，以完善地方金融服务体系，实现不同金融机构功能的完善和互补，更好地发挥金融服务实体经济发展的功能。目前我国企业融资主要是以商业银行信贷服务的间接融资为主，资本市场的股票、债券等直接融资比重较低，不利于有效降低企业融资成本，也增加了银行的风险隐患。大力发展地方性私募股权投资和风险投资，筹建绿色产业集聚区的股权交易中心，为高科技企业、生态环保企业等绿色企业提供更多的股权、债权等直接融资服务产品，提高股权融资比重，有利于助推当地企业更方便地筹集资金。

（四）强化金融风险管理

健全的地方金融服务体系往往包含完善的地方金融监管体系，从而具备较强的金融风险管理功能。如金融机构可以通过健全金融风险控制体系、运用金融科技手段等方式加强自我监管，强化金融机构自身的风险管理能力。同时，各地金融监管当局、外部审计机构、行业协会等也可以通过强化外部监管力量，完善监管机制，借助大数据、云计算、人工智能等新技术，及时防范和有效化解地方金融风险，全方位提高金融风险管理能力。另外，通过加强地方信用体系建设，对中小微企业主、居民等各经济主体开展金融教育，提高各经济主体金融风险防范意识和金融素养水平，也有利于强化金融风险管理功能，防范与化解地方金融风险，保障地方金融业可持续发展。

三、我国地方金融服务体系建设的相关政策举措和取得的成效

金融是现代经济的核心，经济高质量发展离不开金融的有力支持。一个规范有序、功能完善的金融服务体系，可以促使一国金融业可持续发展，并通过金融方式来推动经济高质量发展。我国政府部门一直非常重视金融对经济发展的重要作用，制定了相关政策和文件来推动地方金融业发展。如2015年，国务院印发了《推进普惠金融发展规划（2016—2020年）》，提出通过健全多元化广覆盖的机构体系来大力发展普惠金融，促进金融业实现可持续均衡发展。2019年，中国人民银行、银保监会、证监会、财政部、农业农村部五部门联合发布的《关于金融服务乡村振兴的指导意见》明确指出，健全金融服务组织体系，引导涉农金融机构回归本源，服务乡村振兴战略。2019年，党的十九届四中全会明确提出，通过健全现代金融体系来支持实体经济转型发展。2020年国务院金融稳定发展委员会第十四次会议提出，深化金融供给侧结构性改革需要不断健全现代金融体系。

　　在中央政策的指引下，各级地方政府纷纷落实政策和制定了适合当地金融发展的政策，以加快地方金融服务体系建设，促使地方金融业发展和经济高质量发展。如2003年12月，广东省以省委决议形式最早明确提出"完善金融体系，加快建设金融强省"的目标，并推进商业银行、城市信用社、农村商业银行等金融机构改革，促使广东省地方金融业发展取得较大成效，成为全国举足轻重的金融大省。2007年，第三次全国金融工作会议后，上海、北京、江苏、浙江等地纷纷提出了金融强省（市）的目标。地方金融服务体系建设逐渐成为各地政府发展规划的重要组成部分。如2011年，浙江省印发了《浙江省"十二五"金融业发展规划》，将浙江省金融强省战略正式写入政府规划文本（周建松和吴胜，2012）。2017年，湖南省印发了《湖南省"十三五"金融业发展规划》，提出把金融业打造成为湖南省支柱产业，充分发挥金融业对经济发展的支持和保障作用。2021年8月9日，湖南省人民政府办公厅颁布了《关于促进地方法人金融机构加快发展的若干意见》，促使地方法人金融机构积极服务地方实体经济。目前不仅省级政府还包括县市级政府纷纷制定了"十四五"金融业发展规划，明确了加快地方金融服务体系建设的目标、具体任务和策略，以通过发展地方金融业来促进当地经济高质量发展。

　　在中央及各级地方政府的支持下，地方金融业发展取得了显著的成效，具体体现在：地方金融中心的加快形成与建设、地方政府设立专门的金融工作部门、地方性金融机构数量增多和服务质量提升、地方性资本市场得到快速发展、地方金融制度体系不断完善、地方信用环境得到不断优化、地方金融服务功能不断增强等。

　　（一）地方金融中心的加快形成与建设

　　上海、北京、深圳、重庆、昆明、长沙等多个城市纷纷提出要把城市建设成为"国际金融中心""金融中心城市"或"区域金融中心"，以引导各种资源参与当地金融业的发展，促使各类金融机构的逐渐集聚和金融产品的不断增多，加速了地方金融服务体系建设。如湖南省常德市提出要努力把常德市建设成区域金融中心。2018 年 2 月，柳叶湖清科基金小镇开始运营，目前已入驻基金和基金管理机构 52 家，资金管理规模近 200 亿元。2019 年，新建了常德财鑫投融资服务中心，成为常德市金融产业基地和金融中心。2020 年建立的"城投·十里外滩金融街"，是由中国工商银行、中国建设银行等十几家商业银行汇聚而成的"外滩金融街区"。通过做大做强柳叶湖清科基金小镇、财鑫投融资服务中心、金融街等，可以带动更多资本向常德汇聚，提升常德金融产业价值，带动常德金融业发展，促使常德经济社会实现高质量发展。这些地方金融中心往往具有交易效率高、成本相对低、交易量大等优势，可以帮助地方聚集大量金融资本、汇聚各种类型的金融机构和及时传递金融信息等，提高当地资金配置效率，进而促进地方经济发展。

（二）地方政府设立专门的金融工作部门

我国省级地方政府金融工作部门最早以"局"命名的是北京市金融工作局，成立于 2009 年 3 月。随后，我国各省级地方政府纷纷设立金融工作部门，如"金融办"。这些地方政府设立的金融工作部门的工作职责主要是拟定地方金融服务体系的建设目标和工作重点，分析当地的金融经济形势和运行情况，促使当地政府为金融机构和经济主体提供有效信息的对接平台。同时，地方政府的金融工作部门也有力推动了"政银企"信息沟通平台、企业上市联动机制等协调平台的建设，有效促进了金融机构信贷资金有效投放、企业成功上市和顺利退市、当地金融市场快速发展等。此外，地方政府的金融工作部门还以规范当地民间资金的运作、有效防范和打击非法集资活动、加强地方金融监管、防范和化解地方金融风险等为职责。如常德市金融办积极为常德市金融业发展出谋划策，是地方金融监管、协调和服务部门。通过深化常德市金融监管体制改革，努力打通金融服务实体经济的"血脉"，对健全地方金融监管体系、打好防范化解重大金融风险攻坚战、保障金融业稳健运行产生积极影响，为开放强市、产业立市提供了更加强大的金融支撑。目前我国省级层面的地方金融办已改为地方金融监督管理局。

（三）地方性金融机构数量增多和服务质量提升

为有效发挥地方财政资金的杠杆效应，各地方政府积极推动银行、非银行金融机构等地方性金融机构发展，地方金融机构的数量明显增多，服务效率和服务质量不断提升。

一是地方性银行业机构实施存量金融改革和增量金融改革。一方面，我国现存的城市信用合作社、农村信用合作社等地方性银行纷纷进行改革。城市信用合作社通过吸收地方财政、企业资金组建成城市商业银行。有些城市商业银行成功上市，积极为城市居民、中小企业等经济主体提供金融服务，促进地方经济高质量发展。截止到 2019 年 12 月末，全国城市商业银行共计134 家，总资产达 37.28 万亿元，占银行业金融机构的比重为 12.85%；总负债达 34.50 万亿元，占银行业金融机构比重为 12.99%。城市商业银行聚焦服务区域经济，通过丰富的金融产品支持战略性新兴产业、重大项目和民生工程建设，为小微企业、"三农"等提供普惠金融服务，取得了良好的经济效益和社会效益。

同时，积极推进农村信用合作社深化改革。2003 年 6 月，中央政府决定在浙江、吉林、重庆等 8 个省份对农村信用社进行改革试点，2006 年末推广到全国。从全国改革情况来看，农村信用社改革的目标模式主要有三种：股份制农村商业银行模式、农村合作银行模式和农村信用社制度框架内重组模式，各地区可因地制宜地选择不同模式。原银监会于 2011 年提出，鼓励符合条件的农村信用社和农村合作银行改制为农村商业银行。截止到 2019 年底，安徽、湖北、江苏、山东、江西、湖南、广东、青海 8 个省份和北京、上海、天津、重庆 4 个直辖市已实现辖区县级农信联社全部改制为农村商业银行，其余省份辖内大多数县级农信联社也改制为农村商业银行（何广文和何婧，2020）。截止到 2020 年 12 月末，全国农合机构（农村信用社、农村合作银行、农村商业银行）共有法人机构 2185 家，占全国银行业机构总数的近 1/2，资产总额 39.6 万亿元，贷款余额 21.3 万亿元，分别占全国银行业的12.4% 和 11.9%；涉农贷款余额 11.2 万亿元，小微企业贷款余额 10.1 万亿元，分别占全国银行业的 28.8% 和 23.7%。其中，农村商业银行 1529 家，占农合机构法人总数的 70%。目前农村商业银行已成为地方性银行业机构的典型代表，是服务"三农"、中小微企业等微弱经济体的重要主体。

另一方面，2006 年 12 月，原银监会发布了《关于调整放宽农村地区银行业金融机构准入政策　更好支持社会主义新农村建设的若干意见》，允许在广大农村地区新成立村镇银行、农村资金互助社、贷款公司等新型农村金融机构，表明我国金融改革进入了"增量式"改革阶段。随后，在全国范围内的农村地区全面推广成立新型农村金融机构，地方银行业金融机构数量得到了快速增加，且主要集中在县域地区。截止到 2020 年 12 月末，全国已有 7118 家小额贷款公司，13 家贷款公司，41 家农村资金互助社，1637 家村镇银行。其中，村镇银行已遍及全国 31 个省份，覆盖 1083 个县（市），占县（市）总数的 57.6%。

二是地方性非银行金融机构得到蓬勃发展。由于各经济主体有着不同的金融服务需求，往往需要不同的金融机构来满足主体多元化的金融服务需求，促使非银行金融机构得到蓬勃发展。目前地方性非银行金融机构主要包括保险公司、证券公司、融资担保机构、小额贷款公司、信托公司、金融资产管理公司、融资租赁公司、信用评级机构、资产评估公司、财务管理公司等。保险公司和证券公司的资金实力往往要求较大，一般在地市级设立分支机构。

地方性融资担保机构或融资担保集团不断发展壮大，并建立完善金融风险分担与补偿机制，在为各经济主体提供信用担保的同时，也使自身获得了良好发展。以湖南省为例，目前湖南省融资担保机构主要有省级担保机构和地市级担保机构，其中，省级担保机构主要有湖南省融资担保集团、湖南省农业信贷融资担保公司等，地市级担保机构主要有常德财鑫融资担保有限公司、张家界融资担保集团等。截止到 2020 年 12 月末，湖南省融资担保集团所有者权益达 80 亿～100 亿元，在保余额突破 1000 亿元。其中，中小微企业和"三农"融资担保在保余额占比达 60%。常德财鑫融资担保有限公司是由常德财鑫金融控股集团有限责任公司全额出资，为全资国有的政策性担保机构。该公司注册资本为45亿元，有澧县、安乡、桃源、鼎城、石门、汉寿6家分公司，单笔融资能力4.69亿元，主体信用等级为AA+，评级展望为稳定，合作银行22家，经营业绩与资产规模位居湖南省同行业首位。该公司建立了集银行、政府、担保、企业和社会机构职责、风险、收益为一体的"五位一体"担保运作机制，有效缓解中小企业融资难题，大力助推中小微企业转型升级，重点扶持支柱产业和战略新兴产业发展，取得了良好的经济效益和社会效益。

同时，地方性小额贷款公司、典当行、信托公司、金融资产管理公司、融资租赁公司等非银行金融机构得到快速发展。如湖南财信金融控股集团有限公司是湖南省唯一的省级地方金融控股公司，由省人民政府出资，省财政厅履行出资人管理职责，旗下拥有信托、证券、期货、寿险、银行、保险代理、地方金融资产管理、私募股权投资基金、区域股权交易所、产权交易所、金融资产交易中心、典当、小额贷款、融资租赁14张金融或类金融牌照，注册资本140亿元。

此外，地方性的信用评级机构、资产评估公司、财务管理公司等金融中介服务机构也纷纷设立与发展。如张家界市财务管理公司共有215家，包括张家界佳迅、张家界卓翔、张家界华富通、张家界永泰、张家界鸿诚等，主要为企业提供财务咨询、税务咨询、会计咨询、税收策划、税务顾问、企业管理咨询等服务，帮助企业获得金融机构的信贷资金。

（四）地方性资本市场得到快速发展

各地方政府依据当地经济的发展特色与经济主体的资金需求，出台了相关扶持政策支持地方资本市场发展，为当地企业提供股权、债券等更多的直接融资渠道，解决企业发展中资金"瓶颈"难题。各经济主体可以通过股票市场、基金市场等资本市场获取发展资金，促使企业成功上市的数量稳步增多，企业债券发行规模不断扩大。企业还通过创业投资基金、产业引导基金、天使基金、债权基金、私募股权基金等方式获得所需的发展资金。当地企业通过上市改变了企业家族制管理模式，完善了企业法人治理结构，提升了企业经营管理水平，促进企业不断发展壮大与转型升级。股权交易市场的发展也使企业可以通过当地资本市场运作，有效盘活企业资产，促使企业产权正常流动，产权交易市场日益活跃，有效推动了当地产业重组和产业结构转型升级，提高了当地经济可持续发展的能力。

如湖南省委、省政府重视地方资本市场发展，出台了《关于加快推进企业上市的若干意见》《湖南省资本市场县域工程行动计划（2020—2025）》等，并制定了15条具体措施支持企业上市，实现"资本市场县域工程"全覆盖，促使地方资本市场蓬勃发展。一是湖南省全面启动企业上市"破零倍增"计划。2020年，全省新增11家A股上市公司，首发募集资金113.02亿元。截止到2020年9月，全省有A股上市公司115家，还有3家企业已过会，18家企业在审，21家企业正在湖南证监局辅导备案。二是引导基金聚集区规范有序发展。目前全省有湘江基金小镇、常德柳叶湖清科基金小镇、麓谷基金广场3个基金集聚区。截止到2020年6月末，湘江基金小镇新增入驻机构23家，入驻机构达到259家，入驻机构累计对外投资项目385个，投资金额173亿元；路演品牌活动共发布项目189个，参加活动机构共计3800家。三是三板、四板市场不断发展壮大。区域性股权市场科技创新专板顺利开板，在湖南股交所设立"科技创新专板"。截止到2020年9月末，全省共有新三板挂牌企业172家。湖南股交所累计股改挂牌企业居全国首位，达427家，科技创新专板挂牌企业18家，报价板挂牌企业7家，展示企业3039家。四是债券市场规模不断扩大。截止到2020年9月末，湖南省现有债券数为1407只，债券市场余额达1.01万亿元。其中，民营企业共发行债券59只，债券金额为319.61亿元。五是直接融资规模大幅上升。2020年1～9月全省企业通过资本市场实现直接融资3129.31亿元，其中，首发上市融资113.02亿元。

（五）地方金融制度体系不断完善

地方金融服务体系的有效运行需要相应的制度政策来保障。地方政府往往会根据实际情况对当地金融活动、金融机构、金融市场等制定制度规则、进行立法监管，以形成一个具有当地特色的地方金融制度系统或体系。地方金融制度体系具体包括金融机构制度、金融市场制度、金融监管制度、信用制度等。如2018年，湖南省人民政府办公厅印发了《湖南省交易场所监督管理暂行办法》，通过制定管理办法来加强对湖南省交易场所的监督管理，以有效促进湖南省交易场所的规范健康发展。2019年，湖南省财政厅印发了《湖南省金融发展专项资金管理办法》，从制度法规层面来激励金融机构为湖南经济发展提供更多资金支持、更优金融服务和更低融资成本，促进湖南省经济高质量发展。2020年，湖南省人民政府印发了《湖南省融资担保公司监督管理实施细则》，通过建立健全金融机构、融资担保公司和政府的风险分担机制，鼓励融资担保公司为金融机构面向小微企业、"三农"等各经济主体的信贷服务提供担保增信，为推动全省经济社会高质量发展提供制度保障，有力支持了当地普惠金融和经济高质量发展，也有力保障了湖南省融资担保行业健康持续发展。

（六）地方信用环境得到不断优化

地方信用环境是保障金融业务有效开展的基础，地方政府高度重视地方信用体系建设，不断采取措施来改善地方信用环境，以促进地方金融服务体系的建设和优化。如各地纷纷建立地方性的公共信用信息数据平台，促进当地金融信用信息整合和共享；为形成良好的地方信用环境，各地纷纷构建守信激励和失信惩戒机制，以有效降低信息搜寻成本、监督履约成本、可能发生违约行为的成本等，解决了银企之间的信息不对称问题（鲍烨，2018），防止出现金融排斥现象。如上海是我国最早开展信用体系建设的省份之一，也是最早通过立法方式来助力社会信用体系建设的城市。2017年6月，上海市通过的《上海市社会信用条例》，是我国首部关于社会信用体系建设的综合性地方法规，为当地信用体系建设提供了法律保障。此外，北京、湖南、重庆、江苏等省份积极开展"信用乡镇""信用村""信用户"创建活动，以促进各地区信用体系建设，不断优化地方信用环境，推动地方金融服务体系的不断健全和功能的良好发挥。

（七）地方金融服务功能不断增强

随着地方金融服务体系服务地方经济发展功能的不断显现，各地更加注重地方金融服务体系建设，不断深化地方金融改革创新，发挥金融业的融资功能、风险管理功能、理财功能等，不断健全地方金融服务体系。一是融资功能不断增强。各地地方金融机构不断创新金融产品，服务地方经济的高质量发展。如陕西西安创新了"站点企业＋农户"模式、"税＋银＋企"模式等，满足了各经济主体的金融服务需求，增强了金融服务实体经济的能力。"站点企业＋农户"模式是按照"一线一站一品"布点，一个站点企业主推一类陕西特色农产品和服务农户的模式，为农户提供融资担保、出口代理等金融服务，有力地防范了金融机构的信贷风险，并推动了陕西农产品的销售，带动农户增收致富。而"税＋银＋企"模式是银行运用"互联网＋金融"、大数据等技术手段，按照小微企业缴税额度的相应倍数放大而给小微企业一定的信用贷款额度，小微企业"因税获贷"，有效解决自身的融资需求。湖南南岳农村商业银行针对南岳地区特色旅游经济，为当地的民宿经营主创新了一款"信用＋"贷款——民宿贷，促使南岳"精品民宿业"发展。北京、浙江等地全面推广"惠农卡""小额贷款卡"等新型金融产品，不断扩大农户的可抵押财产类型，加大推进农村土地承包经营权、农村住房等财产抵押，帮助农户获得银行的信贷资金。二是其他功能不断增强，包括风险管理功能、理财功能。如中国平安产险湖南分公司通过"小微保险进商圈、进工厂、进协会"活动，为小微企业提供雇主责任险、公众责任险、企财险等小微保险产品，帮助小微企业、个体工商户提高抵御风险的能力，促使小微企业发展壮大。兴业银行于 2019 年创新推出了首款小微企业专属理财产品"添利小微"，采取红利再投方式，每日投资收益结转为份额，份额再投资，实现收益最大化。"添利小微"具备申购门槛低、随申随赎、产品风险低、收益相对较高等优势，有效拓宽了小微企业的投资渠道，帮助小微企业解决资金闲置和低效问题，促使闲置资金实现灵活使用和保值增值的双重目标，全方位赋能小微企业经营发展。金融机构通过创新各种金融产品和服务，不仅充分发挥了金融的融资功能、风险管理功能、理财功能等，也保障了地方金融业的可持续发展。

四、健全地方金融服务体系面临的制约条件

虽然目前我国各地地方金融服务体系建设取得了显著的成效，但地方金融服务体系建设中还存在着一些不尽如人意的地方。地方金融服务体系的健全程度受到各种条件和因素的制约，如政府重视和落实程度不够、地方经济基础较薄弱和发展不均衡、地方金融业发展基础较弱等。

（一）政府重视和落实程度不够

地方金融体制改革一般是采取自上而下的方式，受地方政府的重视程度和财力的影响很大。政府重视和落实程度会直接影响地方金融业的发展程度和水平，直接影响地方金融服务体系的建设情况与健全程度。中央及省级政府对地方金融服务体系进行顶层设计与制定扶持政策，地市级政府往往需要依据当地自身经济发展的需求，构建与本地实际经济发展状况相适应的金融服务体系，以更好地服务当地实体经济发展。但地市级政府往往因财力不一，政府工作人员工作能力不同，而使地市级政府对地方金融服务体系的重视程度和落实力度不一样。地级市政府如果对建设地方金融服务体系的重视程度较低，各项扶持政策落实不到位，法律保障制度不够完善等，则很难激励各经济主体参与地方金融服务体系建设，也很难激励地方各金融机构为各经济主体提供所需的、可负担的金融业务，影响各金融机构的发展壮大和金融功能的充分发挥。

（二）地方经济基础较薄弱和发展不均衡

地方经济发展水平是地方金融业发展的基础，地方经济发展水平往往与当地金融服务体系的健全程度呈正相关关系（周建松，2011）。不同的经济发展阶段，其金融机构的组织形式和种类、金融服务方式是不相同的。如果地方经济基础较为薄弱，是难以为地方金融服务体系建设和完善提供扎实的经济支撑的。因此，地方经济基础较为薄弱的地区往往需要传统的小规模金融机构为其服务，以适应简单、初始的金融服务需求。反之，如果地方经济基础较为扎实，发展水平较高，则需要现代化的、大型的、功能复杂的地方金融服务机构为其服务。

（三）地方金融业发展基础较弱

金融体制改革情况、金融组织体系的完善程度、金融业综合实力状况、金融基础设施建设情况等当地金融业发展的现有基础会直接影响地方金融服务体系的健全程度。如果地方经济金融体制改革相对滞后，则地方金融业难以充分发挥其功能，就会制约当地金融业发展和地方金融服务体系的建设成效。如果当地金融业发展基础较为薄弱，难以形成国有大型商业银行、股份制商业银行、城市商业银行、农村商业银行、村镇银行等银行机构以及保险、证券、担保等非银行金融机构在内的多元化金融机构体系，则不利于当地金融业的可持续发展和地方金融服务体系的健全。如果当地银行和非银行金融机构的综合实力较差，难以开展金融产品创新活动，难以为各经济主体提供所需的、多样化的金融服务，则会导致地方金融机构难以形成集聚效应，当地也难以形成相对完善的金融服务体系。此外，如果地方金融监管法律法规体系不完善，信用体系建设缓慢，金融基础设施建设滞后，则会导致金融业的无序发展，难以充分发挥民间资本推动地方实体经济发展的作用，可能还会产生非法集资、高利贷等导致较大的金融风险，不利于地方金融服务体系的完善，难以促使地方金融业的可持续发展。

第二节　研究的理论基础

金融是现代经济的核心，关于金融与经济发展的关系以及金融在经济发展中的功能和作用，专家学者做过许多研究，提出了许多有现实指导意义的理论，值得我们在健全地方金融服务体系时借鉴。下面摘其精要进行介绍。

一、金融发展理论

自 20 世纪五六十年代以来，金融发展理论（Financial Development Theory）经历了萌芽、建立与发展三个阶段。在现代经济学研究中，最早专门阐述金融与经济发展之间关系的是格利（Gurley）和肖（Shaw），他们在 1955 年发表的《经济发展中的金融方面》和 1956 年发表的《金融中介机构与储蓄—投资》中开创性地探讨了金融在经济发展中的作用以及金融中介在国民储蓄转化为投资过程中的重要作用，得出了经济发展阶段越高，金融作用越强的结论。1966 年，帕特里克在《欠发达国家的金融发展和经济增长》一书中提出金融和经济关系的两种模式——"需求追随"模式和"供给领先"模式。帕特里克认为在实践中"需求追随"和"供给领先"不是相互独立的，而是存在交叉现象，且其先后顺序与经济发展所处的阶段有关。在经济发展的初始阶段，经济发展程度有限，对金融服务的需求较少，往往呈现"供给领先"现象。在经济快速发展阶段，经济发展需要大量的金融服务支撑，则"需求追随"现象更为突出。不仅对于一国经济发展存在这类现象，在部门内部和部门之间也存在最优顺序的问题。

20 世纪七八十年代，麦金农出版的《经济发展中的货币与资本》和肖出版的《经济发展中的金融深化》中解释了金融发展与经济增长之间相互制约、相互促进的辩证关系，标志着以发展中国家或地区为研究对象的金融发展理论正式形成。麦金农和肖两人率先提出了"金融抑制"（Financial Repression）和"金融深化"（Financial Deepening）理论，通过建立分析欠发达地区金融深化和经济增长关系的框架，得出了近乎相同的结论，即金融抑制在发展中国家普遍存在，破除金融抑制要通过金融深化（自由化）来实现。金融抑制是指由于发展中国家一般存在自然经济比重高、市场经济不发达、资本市场不完善、信用制度不健全、信用工具缺失等问题，加之政府对金融部门及利率的严格管制，人们的储蓄动力降低，金融体系将储蓄向投资转化的能力减弱，价格无法起到调配作用，出现了信贷配给现象，从而降低了金融体系的资源配置效率，无法更好地服务实体经济的金融需要。通过"金融深化"来破除"金融抑制"则主要表现为三个层次的动态发展：第一层金融增长，即扩大金融规模，如提高金融机构的贷款效率从而扩大金融信贷规模，这一层次可以用指标 M2/GNP 或 FIR 来衡量。第二层金融工具、金融机构的优化，即发展各类金融市场，建立多样化的金融机构，运用多样化的金融工具，从而提高金融体系的资金聚集能力。第三层金融市场机制的健全，健全的市场机制使金融资源得到最合理的配置，提升金融体系的资源配置能力。可见，金融深化通过实现金融与经济两者间的良性循环，可以提升金融体系服务实体经济的能力。

麦金农和肖的理论一经提出就在西方经济学界盛行，后来的许多学者在其基础上对其进行了扩充和丰富。如 1977 年，维森特·加尔比斯在《欠发达国家的金融和经济增长》一文中认为，金融抑制使发展中国家的低效部门占用的资源无法向高效部门转移，不同部门投资收益率长期不一致，从而导致资源的低效配置，并指出要把金融资产的实际利率提高到使可投资资源的实际供给与需求相均衡的水平，从而充分发挥金融中介在促进经济增长和发展中的积极作用，克服金融抑制。1980 年，唐纳德·马西森在《发展中经济的金融改革和稳定化的政策》一文中指出，经济增长归根结底受银行贷款供给的制约。20 世纪 80 年代末到 90 年代中期，史密斯、列文、格林·伍德等运用内生经济增长理论，同时引入不确定性、不对称信息和监督成本等因素，对金融机构和金融市场的形成进行了解释。他们指出，金融机构形成源于不可预料的流动性需要，以及克服空间分离和有效沟通的需要。他们还指出，金融体系会随国内外条件的变化而变化，会随人均收入和人均财富的增加而发展。时间的推移和经济的进一步发展意味着金融机构和金融市场都需要不断发展和完善，以更好匹配金融服务的需求。另外，1997 年 Hellman 等在《金融约束：一个新的分析框架》一文中针对发展中国家的国情提出了"金融约束论"。他们认为政府应当设计约束性的金融政策，积极发挥"看得见的手"的作用，为金融体系和生产部门之间的资金流通提供便利条件，并且利用"租金效应"和"激励作用"带来更有效率的信贷配置,防范道德风险以保证金融体系的稳定发展。他们指出,只有在同时具备物价稳定机制、税收公平制度、有效的金融机构监管等宏观环境及微观环境基础上才能考虑金融自由化。

因此,根据金融发展理论,为更好地满足地方实体经济发展的金融需要,首先,各地区应该根据当地经济发展的所处阶段及其经济发展特点发展相适应的金融服务模式。其次,地方金融服务体系可以通过扩大金融规模、优化金融工具和金融结构、健全金融市场机制等途径更好地匹配地方金融服务需求。最后,地方政府应当设计约束性的金融政策,积极发挥"看得见的手"的作用,利用"租金效应"和"激励作用"带来更有效率的信贷资金配置,防范道德风险和逆向选择问题,以此保证地方金融服务体系的稳定发展。

二、金融结构理论

戈德史密斯在 1969 年出版的《金融结构与金融发展》一书中把各种金融现象归纳为三个基本方面:金融工具、金融机构和金融结构。其中,金融工具是指对其他经济单位的债权凭证和所有权凭证。金融机构即金融中介机构,指资产与负债业务主要由金融工具组成的企业。金融结构是一国现存的金融工具和金融机构之和。他运用金融相关比率(FIR)、各类金融机构的相对规模、金融机构之间的相关程度、金融资产在各经济部门之间的分布情况等 8 个指标来衡量一国金融结构,并认为金融发展的实质是金融结构的变化,研究金融发展就是研究金融结构的变化过程和趋势,并且认为不同的金融相关比率产生于不同类型的金融结构,进而对国家经济发展有着不同的作用。戈德史密斯的研究还证明了金融结构的趋同性,即虽然发达国家与发展中国家金融发展具有一定的差异性,但各个国家的金融发展趋势及过程是一致的。因此,发达国家可以为发展中国家的金融发展提供经验与教训。在这一基础上许多研究也证明可以从以下几个方面对发展中国家的金融机构进行调整:一是打破单一银行机构体系;二是逐步开放金融市场,主要是针对中小金融机构，特别是非银行金融机构及外资金融机构准入制度障碍的削减；三是推进金融制度和金融工具的创新；四是建立和发展资本市场，改变单一间接融资的金融机构主导的市场结构。

经济学家林毅夫从新结构经济学的角度探讨了一国的最优金融结构，他认为处于一定发展阶段的经济体的要素禀赋结构决定了该经济体的最优产业结构、具有自生能力的企业的规模特征和风险特性，从而形成了对金融服务的特定需求，这是决定金融结构的根本因素。他认为每个经济体在一定发展阶段都有各自的最优金融结构，这种内生的最优金融结构是客观的、动态的。且根据最优金融结构理论，评价一国金融结构是否有效的标准应该是该国的金融结构是否与该国的实体经济结构相适应。最优金融结构只有与实体经济对金融服务的需求相适应，才能有效发挥金融体系动员资金、配置资金和降低系统性风险的功能，促进实体经济的发展。同时，他也对中小微企业融资和农户融资的现实问题进行了分析。他认为农户、中小微企业等弱势主体在以大银行和股票市场为主的金融结构中是得不到金融服务的，必然会产生融资难、融资贵的难题。但这些弱势主体所需的发展资金不多，金融机构要防范的主要是企业家经营能力风险及其信用风险，因此针对这些弱势主体的融资最合适的金融安排是发展地区性的中小银行等金融机构。因为地方性的中小银行与中小企业相互之间比较了解，地区性的中小金融机构能够更好地服务产业比重较高、劳动相对密集、规模相对小且具有比较优势的中小企业发展。并且，考虑到中国各县市之间的禀赋结构水平差距较大，各地应该结合自身禀赋结构特征，因地制宜地采取因势利导的金融创新活动，从而更精准地满足本地实际的金融需求，否则容易造成金融抑制或金融泡沫现象。

根据金融结构理论，张家界市可以借鉴与吸取发达地区地方金融服务体系发展的经验与教训，根据张家界市当地要素禀赋结构决定的最优产业结构及其企业规模特征和风险特性所形成的对金融服务的特定需求来发展本地的金融服务体系，以有效动员资金、配置资金和降低金融风险，精准满足本地金融服务需求，促进地方实体经济发展。当然，这一最优金融结构是会随着张家界市地方实体经济的发展而动态变化。

三、普惠金融理论

联合国在"2005 国际小额信贷年"的宣传中最早使用普惠金融（Financial Inclusion）这一概念。我国在经历了公益性小额信贷、发展性微型金融等阶段后，2006 年焦瑾璞先生将这一概念引入我国，并得到了政府的大力支持。2013 年 11 月 12 日，《中共中央关于全面深化改革若干重大问题的决定》正式提出"发展普惠金融""鼓励金融创新，丰富金融市场层次和产品"。2015 年中央一号文件提出了"强化普惠金融"。同年，李克强总理在政府工作报告中明确提出要"大力发展普惠金融"。2016 年 1 月，《推进普惠金融发展规划（2016—2020）》中更是将发展普惠金融提升到了国家战略的高度，标志着中国普惠金融国家战略顶层设计的初步完成。

普惠金融的概念包含两个基本要素：一是"为社会所有阶层和群体特别是中小微企业和低收入者提供金融服务"；二是"商业可持续原则基础上可负担的成本"。前者强调机会平等，实质是要改善对中小微企业和低收入者的金融服务；后者则明确普惠金融不是扶贫、不是慈善，必须遵循市场化的运作规则，主张金融机构要实现可持续发展。普惠金融的服务客体主要是因为自身禀赋和外部环境因素而非自愿被金融机构排斥的中小微企业、农户、低收入者等"长尾客户群体"。这个群体通常具有不确定性大、硬信息少和抵押资产缺乏等特征，使金融机构提供金融服务的难度大、成本高，从而无法获得充分的金融服务，发展普惠金融正是为了解决这一问题。普惠金融体现的是一种和谐金融的理念，其核心在于强调一切有金融服务需求的群体都能够平等享有金融服务。这个目标的实现需要广泛金融体制的融合，需要多元化金融机构的参与，从而丰富金融产品类型，改善金融服务环境，满足所有人群合理的金融服务需求，实现金融业的均衡、协调、可持续发展。很显然，发展普惠金融是极具经济效应的。首先，普惠金融能够通过缩小贫富差距状况进而促进经济发展。其次，普惠金融能够通过优化融资对象结构和企业规模对比结构进而促进经济发展。最后，普惠金融还可以通过推动金融业整体发展进而促进经济发展。

近10年间，我国中央及地方各级政府在发展普惠金融方面做出了很多努力，如利用财政扶持政策和货币政策工具鼓励和引导金融机构加大对"三农"、中小微经济主体的信贷投入；通过完善金融基础设施扩大金融服务覆盖面；通过发展新型农村金融机构更好地提供普惠金融服务等，这些措施取得了一定的成效。

为了更好地推动张家界市地方金融服务体系的完善，进而促进地方经济发展，发展普惠金融是极为必要的。根据普惠金融理论的核心理念：一是张家界市地方金融服务体系应该提供丰富的金融产品，满足张家界市所有群体合理的金融服务需求，改善对张家界市中小微企业、低收入者和"三农"的金融服务需求。二是商业可持续基础上的成本可负担。这一目标的实现要求张家界市地方金融服务体系中应该有广泛金融体制的融合以及多元化金融机构的参与，从而形成富有竞争力的地方金融服务体系，切实降低地方金融服务的成本和费用，使张家界市的中小微企业、农户等"长尾群体"能真正享受到"负担得起""与需求最匹配"的质优价廉的金融产品和服务，从而实现张家界市地方金融服务体系的均衡、协调、可持续发展。

四、金融风险理论

金融风险作为风险的范畴之一，在本质上是一种引起损失的可能性。从广义上讲，金融风险既包括居民家庭部门、非金融企业部门和金融机构从事金融活动所产生的风险，也包括以国家部门为主体从事金融活动产生的风险。根据其影响程度与范围的不同，狭义的金融风险可分为三个层次：一是金融机构的风险，二是金融行业的风险，三是金融风险可能引致严重的经济、社会甚至政治危机。关于金融风险的理论研究主要有明斯基的"金融不稳定假说"（Financial Instability Hypothesis）以及信息经济学的非对称信息理论等。

明斯基的"金融不稳定假说"认为以商业银行为代表的信用创造机构和

借款人的内在特性使金融体系具有天然的内在不稳定性。他根据不同融资方式的特点将经济中的融资结构分为对冲性融资（Hedge – financed Unit）、投机性融资（Speculative – financed Unit）和庞氏融资（Ponzi Unit）三种类型。这三种融资的比例决定了经济的稳定性。如果对冲性融资占据主导地位，经济将保持稳定，而投机性融资和庞氏融资所占比重越大，经济结构的不稳定性就越强。他提出了一个"双重价格"体系，认为资本资产的价格与投资品的供给价格之间的差额与利率呈反方向变化，因此金融部门的运作可以通过影响资本资产价格和投资供给价格之差从而影响投资的规模和结构。但明斯基认为经济繁荣时期在过度乐观的心理预期下投资热情高涨，造成"过度债务"，一旦出现任何打断信贷资金流入生产部门的事件都将引起违约和破产的潮流，而这又进一步影响金融体系的稳定性。明斯基还提出了"大政府"和"大银行"的概念，他认为政府和中央银行对经济的干预是必要的，短期的反周期政策会削弱经济陷入衰退的不稳定性，但长期来看，政府赤字加剧了经济走向不稳定的趋势，因此政府应该努力减少赤字。

信息经济学中的非对称信息理论则从微观行为的角度更加深刻地探讨了金融风险。信息经济学认为非对称信息是金融风险产生的主要原因。非对称信息分为两类：一类信息是出现在合同签订之前的，不是由当事人行为造成的外生信息；另一类信息则是内生的，取决于行为人本身的，出现在签订合同之后的信息。前者将导致逆向选择（Adverse Selection），后者将产生道德风险（Moral Hazard）。逆向选择在金融借贷市场中的表现主要是当借贷市场存在众多风险程度不同的企业而银行无法观察到项目投资风险或确定投资风险的成本太高时，银行只能根据企业平均风险状况决定贷款利率。低风险企业由于借贷成本高于预期而退出借贷市场，从事高风险事业的企业则愿意支付高利率，从而使得贷款的平均风险水平提高，一旦企业亏损难以还贷，金融机构风险将十分突出。而道德风险普遍存在于以信用为基础的各种金融业务中，其主要表现形式有改变资金用途并隐藏资金使用真实信息、对借入资金效益漠不关心导致资金损失等。非对称信息通过逆向选择与道德风险影响金融体系，降低市场机制的运行效率，影响资本的有效配置，形成金融体系的内在不稳定性，造成金融风险。而且在不对称信息的情况下，也有可能出现没有任何银行愿意放款的信贷市场的崩溃。由此可见，防范金融风险的核心问题就是建立完善的信息机制，各金融主体应当注重信息的搜寻、整理、分析和运用。

除了"金融不稳定假说"和非对称信息理论之外，以弗里德曼为代表的货币主义对金融风险也有所研究。他们认为金融风险受货币政策的影响而变化。一般而言，宽松的货币政策使社会资金流动量增大，缓和了货币供需矛盾，金融风险相对较小。但是紧缩的货币政策会加剧企业与金融机构之间、金融运行各环节之间、金融与经济运行之间的矛盾，加大货币供需缺口，增加金融风险。另外，根据制度经济学中的委托—代理理论，我国金融风险的产生还缘于制度转换的不确定性和产权主体的模糊性，在"政府—银行—企业"的二重委托—代理关系中，委托人缺位，代理人不到位，存在着普遍的约束软化和激励不足。

因此，有效防范金融风险是地方金融体系更好地服务实体经济的重中之重。就地方政府而言，一方面地方政府应该强化风险意识，建立健全地方金融风险的防控机制，并通过地方政府的积极干预削弱地方金融的不稳定性；另一方面地方政府应该克服地方金融机构的产权不清问题，设计恰当的约束机制和激励机制从而有效防范"政府—银行—企业"委托—代理关系中的金融风险。就地方金融机构而言，应当注重信息的搜寻、整理、分析和运用，并积极与政府相关机构合作，从而建立完善的信息机制，缓解金融市场中的信息不对称问题。

五、供给侧结构性改革理论

早在19世纪初，法国经济学家萨伊就提出了"萨伊定律"，其核心是市场的自发自动调节使供给能够自然而然地创造出等量的需求，但其无法解释市场经济产生的危机问题。凯恩斯主义提出需求能产生出自己的供给，政府可以通过相机抉择的宏观调控，使经济波动趋于平衡，这为政府干预经济提供了理论支撑并取得了一系列的成功。20 世纪 70 年代，为应对"滞胀"问题，供给学派指出通过减税手段可以提高投资的积极性，增加供给，并在这一过程中增加就业。同时，以发展经济学为代表的结构主义主张通过政府干预和投资来突破发展中国家的低收入均衡陷阱。关于"供给侧结构性"的理论大部分源于西方经济学，虽然对中国的供给侧结构性改革能够起到一定的理论支撑作用，但是不能照搬照抄，应当根据我国实际情况进行具体分析。2015 年 11 月 10 日，中央财经领导小组第十一次会议上首次提出"供给侧结构性改革"。同年 12 月，习近平总书记在中央经济工作会议上做出战略部署，提出五大政策支柱——宏观政策要稳、产业政策要准、微观政策要活、改革政策要实、社会政策要托底，并提出"抓好去产能、去库存、去杠杆、降成本、补短板五大任务"。推进供给侧结构性改革是适应我国经济发展新常态的必然要求，是解决我国供给体系中低端产品过剩、高端产品不足、传统产业产能过剩、结构性的有效供给不足、房地产库存严重、地方政府债务风险累积等问题的根本之道。但供给侧结构性改革不是全面性改革，而是重要或关键性领域改革，其中金融供给侧结构性改革是供给侧结构性改革的核心内容和重要支撑。

为什么要进行金融供给侧结构性改革？金融是国家重要的核心竞争力，金融安全是国家安全的重要组成部分，金融制度是经济社会发展中重要的基础性制度。虽然改革开放以来我国金融业发展取得了历史性成就，但目前我国金融业的市场结构、经营理念、创新能力、服务水平还不适应经济高质量发展的要求，诸多矛盾和问题仍然突出。因此，我们要抓住完善金融服务、防范金融风险这个重点，推动金融业高质量发展。潘功胜（2019）认为，金融服务的供给存在一些结构性缺陷是进行金融供给侧结构性改革的原因，如我国金融业态以间接融资为主，而在间接融资中又以大中型银行为主。黄益平（2019a）认为，推进金融供给侧结构性改革主要有以下三方面原因：一是资金在金融领域内部空转，金融对实体经济的支持力度在减弱，金融效率在下降；二是为了防范中国经济转型阶段的系统性金融风险从而保持金融体系的稳定；三是原有的金融体系无法充分满足多种金融服务需求，中小企业和民营企业融资难、融资贵问题突出。黄益平（2019b）还指出，中国经济增长的低成本优势正在逐渐丧失，需要通过创新支持产业升级来保持经济增长，而创新70%由民营企业完成。因此，金融供给侧结构性改革的最终目的就是实现金融为实体经济服务，满足经济社会发展和人民群众的需要，构建现代化金融体系，提高经济增长效率和金融服务的总体效率。

应该如何进行金融供给侧结构性改革？深化金融供给侧结构性改革，首先在完善金融服务方面必须做到以下几点：一是强化金融服务功能，以服务实体经济、服务人民生活为本；二是优化融资结构和金融机构体系、市场体系、产品体系，从而提升金融服务的质量和效率；三是构建多层次、广覆盖、有差异的银行体系，以市场需求为导向开发个性化、差异化、定制化的金融产品，增加中小金融机构数量和业务比重，改进小微企业和"三农"金融服务；四是建设一个规范、透明、开放、有活力、有韧性的资本市场，并加强对交易的全程监管；五是要提供精准金融服务，构建风险投资、银行信贷、债券市场、股票市场等全方位、多层次金融支持服务体系；六是依靠创新、创造、创意的大趋势，推动金融服务结构和质量的转变；七是要尊重市场规律、坚持精准支持，对符合国家产业发展方向、主业相对集中、技术先进、产品有市场、暂时遇到困难的民营企业进行重点支持。总之，金融供给侧结构性改革要立足中国实际，走中国特色金融发展之路。另外，在金融风险防范方面，要加快金融市场基础设施建设，稳步推进金融业关键信息基础设施国产化，健全及时反映风险波动的信息系统，完善信息发布管理规则，健全信用惩戒机制。要运用现代科技手段适时动态监管所有资金流动。要统筹金融管理资源，加强基层金融监管力量，做到抓小抓早、防微杜渐。同时也要培养、选拔、打造一支政治过硬、作风优良、精通金融工作的干部队伍。

根据金融供给侧结构性改革的相关理论和国家政策，张家界市地方金融服务体系的完善应该根据其地方经济发展实际情况进行。首先，张家界市地方金融服务体系应该强调金融服务功能，坚持以服务当地实体经济发展、服务当地人民生活为本。其次，张家界市地方金融服务体系应根据地方实体经济发展情况构建与之相适应的金融机构体系、市场体系和产品体系，更好地服务地方实体经济的发展。再次，张家界市地方金融服务体系应该尊重市场规律，为当地实体经济的发展提供精准的金融支持，对涉及市委市政府确定的重点发展领域，但暂时遇到困难的民营企业应进行重点支持，从而更好地服务于市委市政府确定的重点发展领域。最后，张家界市地方金融服务体系的完善还应根据其对人才的实际需要建立相适应的人才引进和培养机制，进一步提高张家界市金融从业人员队伍素质，从而为当地实体经济的发展提供高质量的金融服务。

六、财政资金的杠杆效应

财政资金撬动社会资本的杠杆效应是指财政投资具有示范、引导作用，通过"非足额投资法"，将社会资金吸引到符合产业政策目标要求的方向，作为国家投资的配套和补充，以调控全社会的资金流向，这一效应主要依靠金融机制来实现。

一是探索建立以金融机构落实国家政策实效和服务地方发展贡献度为主要内容的考核评价体系，建立以奖促贷的工作机制，激励和引导金融机构加大对实体经济的信贷投放。

二是各级政府可以建立担保与再担保机制，各级政府独资、控（参）股的融资担保机构在可持续经营的前提下为中小微企业和"三农"提供收费较低的融资担保业务，而再担保机构可以对融资担保机构进行股权投资或与其进行再担保业务合作，充分发挥财政稳定器和放大器的作用，扩大中小微企业和"三农"融资担保业务规模。

三是地方政府可以根据地方实际创新政银合作模式，探索适合的合作机制。通过统筹整合涉农资金、企业发展专项资金、县域经济发展调度资金等，搭建中小微企业转贷应急周转平台，解决企业过桥融资问题。

四是发挥政府投资基金引导作用，按照"政府引导、专业管理、市场化运作"原则，政府在重点行业和领域设立基金，切实发挥政府出资引导社会资本的吸附作用，引导社会资本支持重大产业发展和重大项目建设，更好地服务地方实体经济发展。因此，为更好地服务张家界市实体经济以及市委市政府确定的重点领域的发展，张家界市政府需要利用丰富的金融手段进行经济调控，并通过上述金融机制充分发挥财政资金的撬动作用。

第三章 张家界市地方金融服务体系的发展现状

在经济下行和新冠肺炎疫情冲击的双重压力下，张家界市金融供需矛盾凸显，中小微企业融资难、融资贵、融资慢等问题更加突出，给做好"六稳"工作、落实"六保"任务带来了较大压力。地方金融机构是缓解地方金融供需矛盾、支持地方中小微企业和实体经济发展的主力军，但地方金融服务体系不健全制约了金融业功能的发挥。张家界市经济体量小、以旅游业为支柱的单一经济结构特征以及政府调控经济的手段缺乏，使张家界市实体经济在整体经济下行和新冠肺炎疫情影响的背景下面临较大的挑战，迫切需要一个与张家界市自身经济社会发展特征相适应的地方金融服务体系来支持地方实体经济的发展。

第一节 张家界市地方金融发展面临的条件

一、经济高质量发展、乡村振兴、供给侧结构性改革面临资金制约

第一，经济的高质量发展要求经济均衡发展，要求经济结构转型升级和全要素生产率提升，要求中小微企业可持续发展能力提高，要求张家界市推

进旅游支柱产业、现代农业、新型工业、现代服务业等产业转型，需要资金大力支持实体经济，缓解民营和中小微企业融资难、融资贵、融资慢问题。但目前张家界市经济结构较为单一，高科技产业发展滞后，中小微企业融资难、融资贵、融资慢等问题仍然存在，地方金融体系的发展还不能很好地服务于张家界市经济高质量发展。

第二，乡村振兴战略的具体实施需要地方金融的支持，但由于"三农"领域自身的弱质性使其在获取金融支持时困难重重。乡村振兴的重点是产业兴旺，张家界市的支柱产业是旅游业，但乡村旅游业发展的基础还比较薄弱，利用张家界市农村优美的自然生态环境发展乡村旅游和康养、休闲产业还需要大量的资金投入。另外，张家界市农村地区有杜仲、莓茶、葛根、娃娃鱼等具有优势的地方特色农产品，但这些特色农产品还未形成规模、未形成完整的产业链，难以支撑乡村产业兴旺的大任，还需要政府、企业、金融机构和农民等多方努力，需要大量的资金支持。

第三，供给侧结构性改革旨在调整经济结构，矫正要素配置扭曲，扩大有效供给，提高供给对需求变化的灵活适应能力，提高全要素生产率，更好地满足广大人民群众对美好生活的需要，促进经济社会持续健康发展。目前张家界市经济结构调整、中小微企业发展面临的资金短缺问题仅依靠国有控股大型商业银行还很不够，仍然需要与地方金融机构的合作、互补来共同解决。

二、地方政府调控经济手段缺乏不利于经济发展战略的有效落实

张家界市由于地方财力的限制，在政银合作机制、搭建中小微企业应急转贷周转平台、多元化财政资金运作模式等方面比较滞后，甚至尚未起步。张家界市的财政资金投资渠道较为单一，产业投资基金还未运作，政银担保等合作机制还未健全，导致财政资金的撬动作用难以充分发挥。财政资金本应具有撬动金融资金和社会资金的引领作用，以此扶持实体经济发展。但由于张家界市地方金融体系不健全、金融工具单一，导致财政资金难以发挥其

撤动信贷资金的乘数效应。

张家界市财政资金支持产业发展主要是由财政专项资金安排，通过财政资金直接投入、补助以及贴息等方式进行。另外，还通过将财政资金注入政府性融资担保平台以担保方式来支持产业发展，以及通过小贷公司的风险补偿基金来促进小额贷款对产业的支持。但整体来说，财政资金支持产业发展的投入方式较为单一，市委市政府的经济发展战略难以有效落实。

经济发展战略的落实往往需要多种金融工具的共同支持，需要财政资金以更有效、更多元化的方式投入到产业发展中。如建立产业发展基金，通过产业发展基金将财政的零散补助以更有效的方式投入到产业发展中；建立健全财政信贷风险补偿机制，以激励金融机构更好地为中小微企业、"三农"等经济主体提供金融服务；还需要创新政府投融资体制，推进政府与社会资本合作（PPP）项目规范发展等多元化的财政资金投入方式来支持产业发展。

三、经济体量小、产业结构单一，新冠肺炎疫情期间发展面临困境

（一）旅游业受新冠肺炎疫情冲击较大

张家界市 2019 年地区生产总值仅为 552.10 亿元，在全省 14 个地州市中排名最后，经济体量小。其中，第三产业产值为 401.30 亿元，占地区生产总值的比重高达 72.69%，在全省 14 个地州市中占比最高，如表 3-1 所示。目前张家界市产业结构较为单一，旅游业是一家独大的支柱产业，而旅游业又是极易受外部因素干扰的"敏感"产业。

表 3-1　湖南省各地州市 2019 年地区生产总值　单位：亿元，%

地州市	地区生产总值	地区生产总值构成			第三产业占比
		第一产业	第二产业	第三产业	
长沙市	11574.22	359.69	4439.32	6775.21	58.54
株洲市	3003.10	220.70	1358.70	1423.70	47.41
湘潭市	2257.60	144.90	1113.10	999.60	44.28
衡阳市	3372.68	380.08	1091.61	1900.99	56.36

地州市	地区生产总值	地区生产总值构成			第三产业占比
		第一产业	第二产业	第三产业	
邵阳市	2152.48	351.31	595.61	1205.55	56.01
岳阳市	3780.41	380.62	1525.83	1873.96	49.57
常德市	3624.20	395.70	1462.70	1765.80	48.72
张家界市	**552.10**	**69.40**	**81.40**	**401.30**	**72.69**
益阳市	1792.46	280.26	763.39	748.81	41.78
郴州市	2410.90	236.50	924.50	1249.90	51.84
永州市	2016.86	350.33	625.97	1040.56	51.59
怀化市	1616.64	224.52	448.26	943.86	58.38
娄底市	1640.58	174.44	632.69	833.45	50.80
湘西州	705.71	94.86	198.26	412.59	58.46

资料来源：由地方统计公报、智研咨询整理。

2020年新冠肺炎疫情对我国经济发展造成了严重冲击。对于经济体量小、经济结构单一、以旅游业为支柱的张家界市来说，新冠肺炎疫情对地方经济的影响尤为严重。特别是对交通运输、批发零售、住宿餐饮、旅游文娱等第三产业冲击更大。根据张家界市文旅部门的统计，张家界市2020年第一季度接待游客376.47万人次，同比下降74.2%，旅游总收入39.86亿元，同比下降75.5%。新冠肺炎疫情期间，旅游、餐饮、住宿、交通运输等大部分行业处于关停或无客流状态，商贸、服装、食品、家电等商品销量全面下降，第一季度社会消费品零售总额增速降至历史新低。

张家界市旅游业的状况关系着广大中小微企业的发展。虽然在新冠肺炎疫情期间，为应对新冠肺炎疫情冲击的影响，各大银行响应政府号召，临时出台了展期、续贷、降费等措施，暂时缓释了部分企业的短期偿债压力，但新冠肺炎疫情的实际影响难以在短期内消化。张家界市大部分企业基础差、底子薄，现金储备、资源调配等抗风险能力先天不足，叠加新冠肺炎疫情对经营的影响，尤其是对外贸企业、涉旅企业影响巨大，其盈利能力受到致命打击。再加上张家界市的企业主要是民营企业，财务、经营等不规范，从国有控股大型银行贷款难度大，造成企业发展面临巨大压力，地方经济发展面临严重困境。

（二）经济稳增长面临巨大压力

受新冠肺炎疫情影响，张家界市第三产业产值下降，经济增长面临巨大压力。张家界市 2020 年上半年实现地区生产总值 2532922 万元，同比增长 −1.9%。其中，第一产业实现增加值 290274 万元，同比增长 19.0%，第二产业实现增加值 355290 万元，同比增长 − 2.8%，第三产业实现增加值 1887358 万元，同比增长 −4.4%（见表 3 −2）。

表 3 −2 张家界市 2020 年上半年与 2019 年上半年地区生产总值的比较

单位：万元

	2020 年上半年	2019 年上半年	累计比上年同期（±%）
生产总值（GDP）	2532922	2583294	− 1.9
第一产业	290274	243457	19.0
第二产业	355290	365605	− 2.8
第三产业	1887358	1974232	− 4.4

资料来源：张家界市统计局。

受新冠肺炎疫情影响，张家界市内需收缩，经济稳增长、促回升面临较大的压力，主要体现在投资增速下降、消费需求减少和外贸总额大幅减少：第一，投资增速下降，表现在投资增长后劲不足。2020 年上半年，全市固定资产投资总量下降 2.3%。受新冠肺炎疫情、减税降费、债务风险防控等因素影响，地方政府财政投入有所下降，对投资增长的支撑作用不足，全市国有投资同比下降 16.4%。新冠肺炎疫情持续以及旅游业复苏缓慢对民间投资意愿产生深远影响，张家界市民间投资同比下降 5.5%。第二，消费需求减少。新冠肺炎疫情导致错失传统的春节旅游和消费旺季，全市社会消费需求大幅收缩。2020 年上半年，全市社会消费品零售总额 80.07 亿元，同比减少

9.9%。第三，外贸总额大幅减少。国际新冠肺炎疫情持续蔓延，导致部分出口企业海外订单减少、产品积压。2020年1~5月，全市进出口总额3947万美元，同比减少62.7%，其中出口同比减少63.7%。

第二节　张家界市金融服务体系的构成与现状

一、张家界市金融服务体系的构成

目前，张家界市金融服务体系包括3家管理机构（分别是中国人民银行张家界市中心支行、张家界银保监分局、省农村信用社联合社张家界办事处）、13家银行业金融机构、15家保险公司、4家证券公司、4家小贷公司、5家融资担保机构以及7家典当行（见表3-3），基本形成了包含银行、保险、证券、小贷、担保、典当行等机构在内的金融服务体系。其中，属于狭义地方金融机构的是农商行、村镇银行、融资担保公司、小贷公司和典当行等。

表3-3　张家界市金融机构体系的构成　　　　单位：家

管理机构	银行业金融机构	保险公司	证券公司	小贷公司	融资担保机构	典当行
3	13	15	4	4	5	7

（一）银行业金融机构

以商业银行为代表的银行业金融机构是张家界市金融服务体系的主要构成部分，张家界市的13家银行业金融机构分别是政策性银行1家（中国农业发展银行市分行）、国有控股大型商业银行6家（工农中建交邮）、城市商业银行2家（华融湘江银行张家界分行、长沙银行张家界分行）、农村商业银行3家（张家界农村商业银行、慈利农村商业银行、桑植农村商业银行）、村镇银行1家（慈利沪农商村镇银行），如表3-4所示。

表3-4　张家界市银行业金融机构的构成

全国性银行业金融机构		城市商业银行	地方银行	
政策性银行	国有控股大型商业银行	城市商业银行	农村商业银行	村镇银行
中国农业发展银行市分行	中国工商银行 中国农业银行 中国银行 中国建设银行 交通银行 邮政储蓄银行	华融湘江银行张家界分行 长沙银行张家界分行	张家界农村商业银行 慈利农村商业银行 桑植农村商业银行	慈利沪农商村镇银行

受新冠肺炎疫情影响，银行业金融机构的经营受到冲击，不良贷款有所反弹，盈利水平略有下降。自2020年6月末，全市银行业金融机构不良贷款余额为7.9亿元，比年初增加0.5亿元；不良贷款率0.9%，比年初下降0.04个百分点。上半年，全市银行业金融机构经营效益出现下滑，实现盈利10.3亿元，同比下降2.9%。主要原因包括以下几点：一是贷款减值准备提取大幅增加。自2020年以来，由于不良贷款反弹压力加大，银行提取的贷款减值准备大幅增加。二是贷款利息延期支付增加。受新冠肺炎疫情影响，上半年部分行业和企业经营困难，导致利息延期支付6254万元。三是贷款利率下行。上半年，全市企业贷款加权平均利率为5.28%，同比下降27个基点。

（二）非银行业金融机构

张家界市的非银行金融机构包括15家保险公司、4家证券公司营业部、4家小额贷款公司、5家融资担保机构和7家典当行。其中，小额贷款公司、融资担保公司与典当行属于地方金融机构。

15家保险公司包括9家财产保险公司和6家寿险公司。财产保险公司分别是人保财险、华安财险、大地财险、平安财险、太平洋财险、安邦财险、天安财险、中华财险、人寿财险。寿险公司分别是中国人寿、太平洋人寿、平安人寿、泰康人寿、人保寿险、吉祥人寿。

4家证券公司营业部分别是中信建投证券张家界营业部、财信证券张家界营业部、国泰君安张家界营业部和方正证券张家界营业部。

二、张家界市地方金融服务体系的现状

张家界市地方金融服务体系由农村商业银行、村镇银行、融资担保公司、小贷公司和典当行构成（见表3-5）。3家农村商业银行分别是张家界农村商业银行、慈利农村商业银行、桑植农村商业银行；1家村镇银行是慈利沪农商村镇银行；5家融资担保机构包括2家国有担保机构和3家民营担保公司；4家小贷公司分别是永定区胜源、桑植县永银、慈利县银通小额贷款公司以及2020年获批并于2021年新成立的国鑫小额贷款有限公司。其中，农村商业银行是张家界市地方金融服务体系的主体，村镇银行的经营范围有限，融资担保公司仅国有担保机构发挥担保功能，小贷公司与典当行的经营情况都不乐观。

表3-5 张家界市地方金融机构体系　　　　　　　　单位：家

农村商业银行	村镇银行	小贷公司	融资担保机构	典当行
3	1	4	5	7

（一）农村商业银行与村镇银行

在全国性大型商业银行撤并县级以下分支机构的背景下，农村商业银行由于在地方具有分支机构数量优势，因此是服务地方经济的主力军。张家界市的3家农村商业银行同样在本地区具有分支机构数量方面的优势，如张家界农村商业银行有38家分支机构，包括支行与分理处，慈利农村商业银行有38家分支机构，桑植农村商业银行有42家分支机构；而慈利沪农商村镇银行受到经营业务范围的限制，目前只有1家分支机构。如表3-6所示。

表3-6　农村商业银行与村镇银行的分支机构数量　　　　单位：家

银行名称	分支机构数量
张家界农村商业银行	38
慈利农村商业银行	38
桑植农村商业银行	42
慈利沪农商村镇银行	1

资料来源：爱企查。

（二）融资担保公司

融资担保公司是以缓解中小微企业和"三农"融资难、融资贵为经营目标导向，通过整合担保资源、提高主体信用、完善金融服务链条，为中小微企业、"三农"、战略性新兴产业等提供融资、非融资担保等服务的类金融机构。张家界市先后成立了8家担保机构，其中，国有5家，民营3家。5家国有担保机构分别是2009年成立的市中小企业信用担保有限责任公司（以下简称"中小担"）、2014年湖南省中小企业信用担保有限责任公司在慈利县设立的办事处、2015年湖南农业信用担保有限公司在桑植县设立的办事处（现已改设为分公司）、2016年市经投集团成立的经济发展融资担保有限公司（以下简称"经发担"）以及2018年12月成立的市融资担保集团有限公司（"中小担"和"经发担"成为其子公司）。

目前正常展业的融资担保机构主要是国有担保机构。在业的担保机构分别为张家界市融资担保集团有限公司以及其下属的两家全资子公司和湖南省农业信贷融资担保有限公司张家界分公司。民营担保公司存在着银行不愿意与其合作的问题，处于一种只是挂牌而没有营业的状态。近十年来，仅张家界市"中小担"就为全市230多家中小微企业提供投融资担保服务500多批次，金额近30亿元，有效发挥了融资担保放大、增信、增效的杠杆作用。

（三）小贷公司

张家界市2021年之前存在的3家小贷公司都是民营公司，面临着经营困难、经营风险上升、效益逐年下降、经营状态低迷、业务萎缩、信心不足等问题。由于小贷公司不能吸收公众存款，加上没有新的股东加入，又很难从银行或其他机构融资，导致公司流动性严重不足。2013 年 6 月至 2020 年末，张家界市没有新设立一家小贷公司。在经济下行压力下，民间资本设立小贷公司的意愿不强。民营小贷公司因自身融资杠杆问题没有解决、运行不规范等原因，没有达到政府通过设立小贷公司合理配置金融资源、激活民间资本、缓解中小企业融资难问题的目的。为了进一步向上述目标靠拢，在张家界市融资担保集团的积极推进下，2021 年 3 月，张家界市交通建设投资集团有限公司、张家界市经济发展投资集团有限公司和张家界经济开发区开发建设有限公司作为股东成立了张家界市国鑫小额贷款有限公司。

由表 3 - 7 可知，3 家小额贷款公司在 2020 年上半年的利润均为负，即使发放的贷款平均利率较高（年平均贷款利率为 11.59%），也改变不了亏损的局面。其中，桑植永银的亏损额最大，达 508 万元。所以，在经济下行和疫情冲击的双重压力下，小额贷款公司自身经营面临着极大的困难。

表 3 - 7 2020 年 1 ~ 6 月张家界市小额贷款公司经营情况

单位：万元,%

单位	累计贷款发放笔数	累计贷款发放额	年平均贷款利率	涉农贷款占比	中小企业贷款占比	利润
永定胜源	1	10	11.58	59.58	41.48	-27
桑植永银	5	453	9.35	44.16	26.78	-508
慈利银通	2	100	13.85	38.41	56.20	-3
合计	8	563	11.59	47.38	41.49	-538

资料来源：张家界市金融办。

（四）典当行

张家界市的典当行经营情况都不太好，每家典当行每年的业务量为 200 万 ~ 300 万元，年化利率为 15% ~ 20%。主要原因之一是典当行的业务被寄卖行挤占，两者的业务基本相似，但寄卖行只需要进行一般企业注册，而典当行需要金融牌照，门槛较高。所以，张家界市的寄卖行数量较多，而典当行只有 7 家，其中，永定区 4 家、慈利 2 家、桑植 1 家，且每一家的业务规模都较小。

第三节　金融服务实体经济的情况

张家界市金融服务实体经济的基本情况主要体现在以下几个方面：

一、金融业务总量偏小和融资结构单一

2019 年底，张家界市金融机构各项存款余额 869.6 亿元，各项贷款余额 780.9 亿元，不能满足中小企业日益增长的融资需求。

据中国人民银行张家界市支行统计，2020 年上半年，全市社会融资规模增量为 102.8 亿元，同比增长 11.1%。贷款在社会融资规模中占据主导地位。2020 年 6 月末，全市金融机构各项贷款余额 870 亿元，比年初增加 89.1 亿元，同比增长 17.3%。贷款增长平稳，但张家界市贷款增速居全省 14 个地州市的第 12 位，在全省地州市中，贷款总量偏小，贷款增速排名非常靠后。另外，张家界市融资结构单一，间接融资仍占主导地位。目前张家界市上市公司只有 1 家，即张家界旅游集团股份有限公司。因而通过发行股票进行融资的规模非常小，直接融资主要是债券融资。

二、贷款结构不断优化

从期限来看，在受新冠肺炎疫情影响严重的 2020 年上半年，银行的短期贷款和中长期贷款都有所增长，其中，为缓解企业流动性不足的短期贷款增幅较大，支持企业复工复产的贷款结构优化。2020 年 6 月末短期贷款同比增

长23.6%，主要用于支持企业短期流动资金需求；中长期贷款同比增长14.8%，增速同比下降1.8个百分点；棚改项目全部通过政府债券筹集资金，导致棚改贷款新增为零，是全市中长期贷款同比少增的主要原因。全市银行业金融机构中长期贷款主要用于支持旅游业提质升级、医疗教育、基础设施建设、房地产等领域。

从贷款的发放主体来看，发放贷款的主体不断多元化，包括政策性银行、国有大型商业银行、城市商业银行、农村商业银行和村镇银行。其中，国有大型商业银行、政策性银行和农村商业银行支持实体经济的力度相对较大，国有大型商业银行在贷款额度上仍然是主力。以对园区和工业企业的信贷支持为例，国有大型商业银行、政策性银行、地方法人银行信贷支持力度相对较大。截至2020年1月末，国有大型商业银行（中国工商银行、中国农业银行、中国银行、中国建设银行、交通银行、邮政储蓄银行）工业企业信贷余额为216502.2万元，占比58.37%；政策性银行（中国农业发展银行）工业企业贷款余额为63602.5万元，占比17.15%；地方法人银行（张家界农商行、慈利农商行、桑植农商行、村镇银行）工业企业贷款余额为68118万元，占比18.37%；城市商业银行（长沙银行、华融湘江银行）工业企业贷款余额为22647.6万元，占比6.11%。如表3-8所示。

表3-8 2020年1月张家界市各金融机构支持园区和工业企业基本情况

单位：万元,%

金融机构	贷款余额	余额占比
中国农业银行	96405.0	25.99
中国农业发展银行	63602.5	17.15
中国建设银行	45629.3	12.30
张家界农商行	43439.0	11.71
中国工商银行	40580.0	10.94
交通银行	26585.0	7.17
华融湘江银行	20202.0	5.45

续表

金融机构	贷款余额	余额占比
慈利农商银行	16974.0	4.58
中国银行	5190.0	1.40
桑植农商银行	4635.0	1.25
村镇银行	3070.0	0.83
长沙银行	2445.6	0.66
邮政储蓄银行	2112.9	0.57

资料来源：中国人民银行张家界市中心支行《关于张家界市金融支持园区和工业企业发展情况的调查与思考》。

三、信贷对产业和小微企业的支持有所改善

信贷对产业的支持有所改善主要体现为制造业的贷款余额增幅较大。2020 年 6 月末，金融机构对张家界市制造业的贷款余额为 15.2 亿元，同比增长 52.4%；基础设施类贷款余额为 351.1 亿元，同比增长 14.4%；个人住房消费贷款余额为 159.7 亿元，同比增长 18.7%，反映了棚改规模收缩及疫情背景下居民购房需求增长持续放缓的现实。

信贷支持"三农"和小微企业发展的情况有所改善。截至 2020 年 6 月末，全市涉农贷款余额为 318.5 亿元，同比增长 14.5%。小微企业贷款余额为 209.2 亿元，同比增长 10.7%，比年初增加 17 亿元；其中，单户授信余额 1000 万元以下的小微企业贷款余额为 29 亿元，同比增长 52.2%，占小微企业贷款余额的 13.9%。

四、地方金融机构成为服务地方实体经济的主力军

虽然国有大型商业银行的贷款规模大，但以农村商业银行为代表的地方金融机构服务地方实体经济的作用不断凸显，特别是在服务小微企业和"三农"领域。由表 3-9 可知，农村商业银行已经成为张家界市地方金融机构服

务实体经济的主力军。截止到 2020 年 6 月底,农村商业银行[①]的贷款余额为 172.3 亿元,占比 19.8%,排名第 1。国有大型商业银行的贷款余额排名依次为中国建设银行(排名第 2)、中国农业银行(排名第 3)、中国工商银行(排名第 4)、中国银行(排名第 7)、交通银行(排名第 9)、邮政储蓄银行(排名第 10)。政策性银行——中国农业发展银行的贷款余额为 80.2 亿元,排名第 5。城市商业银行的贷款余额排名依次是华融湘江银行(排名第 6)、长沙银行(排名第 8)。村镇银行的贷款余额仅为 6.5 亿元,排名第 11。

表 3-9   2020 年 6 月底张家界市银行业金融机构贷款统计

单位:亿元,%

金融机构名称	贷款余额	排名	本年新增	排名	同比增速	排名	余额占比
全部金融机构	870.0		89.1		17.3		
中国农业发展银行	80.2	5	2.5	10	12.4	10	9.2
中国工商银行	116.5	4	10.9	4	14.1	8	13.4
中国农业银行	145.3	3	17.8	1	16.8	7	16.7
中国银行	36.0	7	8.2	6	40.8	3	4.1
中国建设银行	164.1	2	14.9	2	10.3	11	18.9
交通银行	27.7	9	6.0	7	48.6	1	3.2
邮政储蓄银行	26.9	10	2.9	9	21.1	4	3.1
长沙银行	32.6	8	3.9	8	17.0	6	3.8
华融湘江银行	61.9	6	8.5	5	42.0	2	7.1
农村商业银行	**172.3**	**1**	**13.0**	**3**	**13.7**	**9**	**19.8**
村镇银行	6.5	11	0.5	11	17.0	5	0.8

资料来源:中国人民银行张家界市中心支行资料。

地方金融机构的主要客户群体是小微企业和"三农"主体,2017 年末农村商业银行在张家界市的贷款余额为 97 亿元,其中,小微企业贷款余额为

---

① 农村商业银行的统计数据包括了张家界农村商业银行、慈利农村商业银行和桑植农村商业银行。

57.6 亿元，户数达 13279 户，小微企业申贷获得率达 98.7%①。

五、存款增速放缓制约银行信贷投放能力

存款增长减缓，但贷款增长较快，导致辖内银行业存贷比持续上升。2020 年上半年金融机构人民币各项存款余额为 9296522.60 万元，同比增长 3.14%，增速同比下降 1.42 个百分点，存款增速居全省 14 个地州市的第 14 位。由于受旅游相关行业市场主体经营收入、财税收入受新冠肺炎疫情影响大幅下降，企业职工基本养老保险基金上划，项目建设支付进程加快等因素共同影响，辖内各项存款增长乏力。各项贷款余额因支持复工复产和"六稳""六保"要求而不断增加，达 8700232.24 万元，同比增长 17.3%，贷款增速居全省 14 个地州市的第 12 位，导致存贷比达 93.59%，同比上升 11.29 个百分点，居全省 14 个地州市的第 2 位。其中，4 家农村商业银行的存贷比高于 100%，最高达 155.89%，影响银行信贷投放潜力和积极性。如表 3 – 10 所示。

表 3 – 10　张家界市本外币存贷款余额　　　　单位：万元

各项存款		各项贷款	
（一）境内存款	9293524.13	（一）境内贷款	8699617.30
1. 住户存款	5886789.06	1. 住户贷款	3433216.31
2. 非金融企业存款	1422639.73	2. 非金融企业及机关团体贷款	5266401.00
3. 广义政府存款	1880554.40	（1）票据融资	93215.79
4. 非银行业金融机构存款	103540.94	（2）融资租赁	0.00
（二）境外存款	2998.47	（3）各项垫款	39.76
		3. 非银行业金融机构贷款	0.00
		（二）境外贷款	614.94
合计	9296522.60	合计	8700232.24

资料来源：中国人民银行张家界市中心支行。

---

① 资料来源：《张家界年鉴》（2015—2017）。

第四节　张家界市地方金融服务体系存在的问题及原因

张家界市地方金融服务体系存在的问题可以从地方金融服务实体经济所存在的问题以及地方金融服务体系自身存在的问题两个方面进行分析。

一、地方金融服务实体经济存在的问题

第一，融资结构失调，直接融资比重低，直接融资方式较少。由于通过发行股票、债券方式融资的门槛较高，实体企业特别是中小微企业基本上不能通过资本市场进行直接融资。虽然民间资金规模较大，投资需求也十分迫切，但民间资本投资中小微企业的直接融资平台和机构缺乏。在互联网金融快速发展的背景下，P2P借贷、众筹本应当是直接融资的重要组成部分和形式，但由于其在实际运行过程中变异成为非法集资、庞氏骗局的代名词，因此，中小微企业的直接融资主要是通过民间借贷或内源融资，极少数通过资本市场融资。

第二，地方金融机构服务能力不足。国有控股大型商业银行和规模较大的城市商业银行在发放贷款时倾向于大项目和大企业，对小项目、小企业不感兴趣，存在明显的"扶强不扶弱"现象。而地方金融机构由于规模相对较小，对中小微企业的支持力度有限，大量中小微企业仍然面临着融资难的问题。虽然国有控股大型商业银行纷纷开设了中小企业信贷业务部，但中小企业因缺乏抵押物、信息不对称、融资成本高等，难以从国有控股大型商业银行取得贷款。

第三，向中小微企业贷款的利率高。银行业金融机构为了控制自身的风险，在向风险较大的中小微企业提供贷款时往往利率较高。地方金融机构由

于网点多、人工成本较大，发放贷款的利率水平偏高。在利率市场化背景下，存款竞争日益加剧，中小金融机构资金组织成本相对较高，导致企业从中小金融机构贷款的利率偏高。中国人民银行张家界市中心支行对园区和工业企业的专题调研结果显示，2018年至2020年1月，全市中小金融机构（含地方法人金融机构）向园区和工业企业发放贷款104笔，贷款利率最高达10.5%，平均利率为7.4%，比国有大型商业银行高2个百分点。

2020年，在新冠肺炎疫情的冲击下，为缓解小微企业的生存、生产困境，金融机构对小微企业的支持与信贷优惠取得一定的成效。2020年，全市小微企业贷款加权平均利率为5.45%，同比下降87个基点。其中，辖内3家农村商业银行小微企业贷款利率为6.71%～6.85%，同比下降37～99个基点。

第四，中小微企业续贷难、获贷慢。中小微企业的融资需求往往具有"短频急"的特征，而银行特别是大型商业银行在审批贷款时存在程序繁杂、耗时长的问题，导致中小微企业在等待贷款审批期间有可能出现资金流断裂，或者被过桥贷的高利率拖垮的情况。续贷时，银行通常要求企业先偿还上一笔贷款，再发放新的贷款，这往往会使资金不足、现金不足的中小微企业陷入困境，这时中小微企业一般会以向小额贷款公司或者民间借贷申请过桥贷的方式渡过难关，但小额贷款公司和民间借贷的利率水平偏高，若不能及时获得银行的新贷款，高额的利息不仅会造成中小微企业现金流断裂，更有可能将企业完全拖垮。

为应对新冠肺炎疫情的影响，金融机构加大了对中小微企业的信贷支持力度。2020年，全市民营企业贷款余额为229.6亿元，同比增长24.55%，高于全市贷款平均增速7.31个百分点。全市10800家小微企业获得信用贷款19142笔，共7.76亿元。但及时为大量中小微企业提供满足其实际需求的信贷服务，仍然是地方金融机构需要攻克的难题。

二、地方金融体系自身存在的问题

大型金融机构具有规模大、实力雄厚的优势，但近些年来出于最大化收益的考虑而大量撤并县城网点，使广大农村、县城以下的金融机构网点数大幅度减少。在大型金融机构撤并网点并偏好大项目、大企业的背景下，地方金融机构对于本地经济特别是中小微企业的服务作用就越发重要。但张家界市地方金融体系面临着自身建设滞后、产品单一、技术含量相对较低、地方金融机构之间的合作还不够充分、地方金融机构与国有大型金融机构还未形成互补合力等问题。

第一，地方金融业发展滞后，地方金融体系不健全。目前，地方金融机构类型单一，相对于大量中小微企业的金融服务需求而言，地方金融机构的种类与数量都显得不足。地方金融机构普遍存在规模小、资金来源有限、人才不足、综合金融服务能力相对较差等问题，导致支持实体经济和小微企业的能力有限。张家界市地方金融机构体系仅包括了农村商业银行、村镇银行、融资担保公司、小贷公司和典当行，且各类金融机构的数量少，还缺乏金融租赁、资产管理公司、区域性股权市场、产业基金等机构。与经济发达地区相比，张家界市地方金融业发展滞后，与实体经济对金融服务的需求不相适应，难以满足中小微企业和"三农"的金融服务需求。

第二，地方金融机构的产品较为单一。地方金融机构由于实力弱、人才不足、业务创新能力不足等多种原因，所提供的金融产品较为单一，没有从产品的个性化、智能化、批量化、标准化等方面形成具有技术支撑的金融产品系列，金融产品针对性相对较差，不能完全与地方中小微企业和"三农"的个性化金融服务需求相契合。现有的信贷产品欠缺产业培育先导功能，不能满足轻资产、新业态、初创期企业的融资需求，在解决企业短期资金周转、长期股权投资、地区产业升级等方面的作用发挥仍显不足。

第三，地方金融机构技术含量普遍较低。在金融科技日益广泛应用的浪潮下，地方金融机构在应用最新金融科技创新产品和业务流程方面还普遍不足。对于农村商业银行、村镇银行、小贷公司、担保公司来说，其技术嵌入业务的程度低下，大量信用评估、风险识别、决策管理还停留在传统的人工、经验判断、主观决策为主的阶段。技术含量低影响了金融服务实体经济的效率和精准度，制约金融机构服务中小微企业和"三农"的能力。

地方金融机构技术含量较低，金融科技应用不足，还受人力和制度等方面因素的制约，金融机构在提供信贷服务时还难以突破传统对抵押担保的要求。例如，中国人民银行张家界市中心支行的专题调研结果显示，2020 年 1月末，全市金融机构园区和工业企业贷款余额中，91.7% 为抵押或担保贷款（其中，抵押贷款余额为 258443.12 万元，占比 69.68%；担保贷款余额为81672.18 万元，占比 22.02%）；而纯信用贷款占比仅 8.3%，贷款余额为30784.7 万元。如表 3－11 所示。

表 3－11　2020 年 1 月张家界市园区和工业企业贷款担保方式统计

单位：万元,%

担保方式	贷款余额	余额占比
信用	30784.70	8.30
担保	81672.18	22.02
抵押	258443.12	69.68

资料来源：中国人民银行张家界市中心支行《关于张家界市金融支持园区和工业企业发展情况的调查与思考》。

第四，地方金融机构之间的合作还不够充分。以商业银行与担保机构的合作为例，目前仅有国有担保机构能够与商业银行建立合作关系，3 家民营担保公司难以找到合作的银行。在国有担保公司与商业银行的合作中，风险分担方面的合作不够充分的问题普遍存在。在风险分担时，本应按照"二八"分担原则，由担保公司承担 80% 的风险，商业银行承担 20% 的风险，但在实际操作中，张家界市融资担保集团在与银行合作时基本上承担了接近100% 的风险。

"银行＋担保＋保险"的地方金融机构合作模式基本上还未开展。"银行＋担保＋保险"合作模式有助于分散和转移信贷风险，缓解中小微企业抵押物不足的信贷难题，撬动更多的资金流入中小微企业和"三农"主体，从而实现中小微企业、银行、保险、担保公司的多方共赢。但目前，张家界市地方金融机构还未形成有效的"银行＋担保＋保险"合作模式。

"银行＋担保＋小贷"模式未充分开展。"银行＋担保＋小贷"模式有利于缓解中小微企业和"三农"的资金周转困难，在受保企业续贷时，银行往往要求企业先偿还到期的款项，再发放新的贷款，企业面临着严重的短期资金周转问题。小贷公司以审贷程序较简单、发放贷款速度快、获得贷款的难度较低等优势成为企业在续贷期资金周转困难时的重要选择，即"过桥贷"。由于地方金融机构建设的滞后，张家界市一直还没有能有效发挥作用的小贷公司，民营小贷公司因各种原因经营困难，2020 年上半年的净利润基本为负，发放贷款的笔数与金额都很小，使"银行＋担保＋小贷"模式难以开展。可喜的是，2020 年，张家界市融资担保集团成功获批组建小贷公司，2021 年 3 月，张家界市国鑫小额贷款有限公司成立，为"银行＋担保＋小贷"模式的推进奠定了现实基础。

第五，地方金融机构与国有大型金融机构还未形成互补合力。地方金融机构作为国民经济的"毛细血管"，与国有大型金融机构作为国民经济的"主动脉"应形成互补合力。国有大型金融机构实力雄厚，在支持大项目、大企业方面具有优势，其服务的目标群体一般都是大客户，能够发挥"主动脉"的作用，但对中小微企业的服务却相对不足；地方金融机构虽然规模较小，但分支机构多且机构下沉至乡镇甚至村级社区，具有熟知当地经济与企业、业务灵活等优势，能够服务到广大的农村地区与中小微企业，发挥"毛细血管"的作用。张家界市国有大型金融机构与地方金融机构的业务都追求自身利益最大化，存在一定的竞争关系，但由于各自的偏好与优势不同，互补的空间更大。但当前地方金融机构体系还不健全，地方金融机构覆盖长尾群体还不够，地方金融机构与国有大型金融机构的互补合力还未形成。因而在强调国有大型金融机构普惠能力建设和健全地方金融机构体系的同时，更应该挖掘国有大型金融机构与地方金融机构的互补合力，提升金融体系整体的普惠性。

三、张家界市地方金融体系存在问题的原因剖析

造成张家界市地方金融体系服务实体经济面临的问题可以从投融资环境、企业、地方金融机构以及各方的信息不对称四个方面寻找原因。

第一，投融资环境不够优化。一方面，政府层面对金融基础设施与宏观环境建设的重视程度有待提高。张家界市以旅游业为支柱产业，长期以来，张家界市着重抓旅游业的发展，而对金融业发展的重视程度有限。虽然金融是现代经济的核心，经济发展离不开金融的支持，但金融体系建设是个长期的过程，需要经营经验、管理能力、人才队伍、相关监管、信息、法制等方面金融基础设施的配套，且容易引发风险。因而地方政府很容易忽视金融业的发展，也缺乏进行金融体系建设的抓手。

另一方面，政务法制环境有待改善。地方金融活动过程中难免产生各种坏账和债务纠纷，在债务追偿过程中司法程序多、仲裁缓慢、公安立案难、法院执行难等问题，都会导致追偿过程面临重重困难，银行、担保等金融机构的权益无法得到充分保障，在一定程度上使金融机构为降低风险而将更多的中小微企业和"三农"主体拒之门外。中国人民银行张家界市中心支行经济师陈军（2018）对2016年张家界市银行机构通过司法维权清收不良贷款的情况进行分析，发现存在以下问题：①地方政府出于政绩的考虑，可能存在政府影响商业银行债权收回的行为，从而使商业银行在维权时处于劣势地位。②因为抵押资产处置难等原因，商业银行维权胜诉的案件执行困难，张家界市银行维权案的执结率只有49%。③银行诉讼维权还存在诉讼时效、银行与法院对接渠道不畅通、维权费用较高等阻碍。④诉讼周期长，一般都在半年以上。⑤拍卖定价不合理等。

第二，企业经营不规范、缺乏有效抵质押物。一方面，企业经营不规范。张家界市工业企业少，民营中小微企业多，大量中小微企业和涉农企业日常经营与管理不规范，如企业资产在个人名下而非企业名下、个人资产与企业资产在使用时没有严格区分、会计报表缺乏，工商管理部门也未对企业进行

财务规范的相关培训。经营管理不规范的企业难以达到金融机构的融资条件，导致这类企业很难获得银行贷款。

另一方面，企业缺少担保或合格抵质押物是难以获得贷款的首要制约因素。有的企业处于发展初期，规模较小且租赁土地和厂房经营的居多，缺少合格抵押品。少数优质企业存在产权办证困难问题，也难以获得银行信贷支持。比如，张家界永鑫鞋业有限公司在工业园区建有厂房，但由于厂房一直未取得产权证，因此无法通过银行贷款审批。缺乏合格抵押品的企业向银行申请贷款时，或者被拒，或者被要求提供担保，使企业的贷款成本上升。

第三，地方金融机构建设滞后，贷款投放配套措施不足。一方面，地方金融机构自身建设的不足导致其服务实体经济的能力受限。主要表现为地方金融机构类型单一，相对于大量小微企业的金融服务需求而言，地方金融机构的种类与数量显得不足；地方金融机构产品较为单一；产品创新的能力普遍较低等。

另一方面，贷款投放配套措施不够完善。主要体现在贷款风险补偿基金建设滞后、政策性担保的力度有限以及财政税费等优惠政策落实不到位等。在贷款风险补偿基金建设方面，张家界市尚未建立园区企业信贷风险专项补偿基金；工业产业发展支持资金规模每年仅有2200万元左右，支持力度有待进一步加大。对政策性担保的支持力度有限，市融资担保集团的担保业务仍主要由子公司市中小企业担保公司承担，其担保能力有限，资本金规模小；张家界市尚未建立可持续的融资担保资本金补充机制，而担保机构历史代偿包袱较重、资本实力有限，银担合作中的风险主要是由担保公司承担，融资担保机构提供贷款增信担保的能力有限。财政税费等优惠政策落实不足，少部分小微企业尚不清楚具体政策及操作细节，由于对政策的不了解导致之前未享受政策，所以，税费减免等优惠政策有待进一步落实，税费优惠政策宣传力度需要进一步加强。

第四，信息不对称。首先，企业内部管理不规范、企业信息不透明。有的企业内部管理欠规范，风险抵御能力较弱，财务制度不健全，银行难以获取真实可靠的会计资料，导致银行对其贷款风险的甄别难度加大，贷前审查成本增加。部分民营小微企业经营管理不善，信息披露不真实、不充分，其资金需求难以转化为有效信贷需求。企业信息不透明，银行能够掌握的企业信息少于企业所有者，不利于银行全面准确评估企业还款能力，极易滋生企业道德风险和银行的逆向选择行为。

其次，各种信息收集、整合不够。企业信息分散于各个职能部门，缺乏统一完备的企业信息平台，不利于金融机构收集企业完整的信息，银行获取信息的难度较大。资金需求方与供给方的信息不对称，各方面的宣传不到位，银行到处找需求对象，企业无目的地找银行，中间的联系桥梁缺少。

最后，相关职能部门的信息不对称。现实当中出于种种主观和客观原因，相关职能部门之间的信息壁垒尚未消除，在很大程度上阻碍着银、政、企各方的顺畅沟通，不利于各方的有效合作。

第四章　张家界市健全地方金融服务体系的 SWOT 分析

第一节　张家界市健全地方金融服务体系优势

一、具备良好的金融政策环境

近年来，为优化金融资源配置，缓解中小微企业融资难题，国务院和湖南省政府相继出台了《国务院推进普惠金融发展规划（2016—2020 年）》（国发〔2015〕74 号）、《中共湖南省委湖南省人民政府关于加快金融业改革发展的若干意见》（湘发〔2016〕12 号）、《湖南省人民政府关于促进融资担保行业发展的实施意见》（湘政发〔2017〕7 号）、《湖南省人民政府办公厅关于政府性融资担保体系支持小微企业、"三农"和战略性新兴产业发展的实施意见》（湘政办发〔2019〕64 号）等系列文件，明确要加大力度进一步深化金融改革，发展普惠金融，完善中小微企业金融服务。张家界市人民政府认真贯彻落实国务院和湖南省人民政府有关文件精神，在《中共张家界市委张家界市人民政府关于加快金融业改革发展的实施意见》（张发〔2017〕5 号）、《张家界市国民经济和社会发展第十三个五年规划纲要》等文件中明确提出要创新发展现代金融业，建设武陵山片区区域性金融中心，建设与国内外知名旅游胜地相适应的地方金融体系。在《张家界市"十三五"服务业发展规划》《张家界市招商引资产业发展规划（2019—2023 年)》以及中共张家界市委全面深化改革委员会印发的《关于推动民营经济高质量发展的若干意见》等一系列部门文件中，提出要积极发挥金融机构产业培育功能，推进地方金融机构多元化，解决民营企业和小微企业融资难融资贵问题。这些政策措施的出台有利于促进地方金融服务体系进一步发展，为地方经济提供有力支撑。

二、当地金融服务体系已有一定的基础

经过多年的发展，张家界市共有各类金融机构 50 家。其中，银行业机构 16 家、保险公司 15 家、证券公司营业部 4 家、小额贷款公司 4 家、融资担保公司 5 家和典当行 7 家。16 家银行分别是金融管理机构 2 家（中国人民银行张家界市中心支行、张家界银保监分局）、行业管理机构 1 家（省农信联社张家界办事处）、政策性银行 1 家（中国农业发展银行市分行）、国有商业银行分支行 6 家（中国工商银行、中国农业银行、中国银行、中国建设银行、交通银行、邮政储蓄银行）、城市商业银行 2 家（华融湘江银行张家界分行、长沙银行张家界分行）、农商行 3 家（张家界农村商业银行、慈利农村商业银行、桑植农村商业银行）、村镇银行 1 家（慈利沪农商村镇银行）。现已初步形成以银行为主导，以保险、证券为辅助，政策性金融、商业性金融和民间金融并存的金融服务体系。2020 年上半年，全市金融业实现增加值 18.2 亿元，同比增长 3.25%，占全市 GDP 的 7.2%；实现税收 3 亿元，占全市入库税收的 13.2%，同比增长 2.9%。金融运行总体保持了平稳、较快发展态势，金融业直接贡献率持续提升。

三、当地金融供给侧结构性改革稳步推进

近年来，张家界市地方政府积极引导地方金融机构落实国务院、省、市有关金融改革和扶持政策，稳步推进金融改革，提高金融服务质量和效率。

一是完善金融中介服务机构体系。全市现有审计中介机构 13 家、资产评估中介机构 9 家、房产中介机构 8 家、拍卖中介机构 3 家，较好地支持了地方金融业务的开展。二是不断丰富金融工具和产品。全市推广的"莓茶贷""应收账款质押贷""无还本续贷""政采贷"以及大数据产品"快乐 e 贷"等，缓解了企业流动资金周转不灵的难题。尤其是在新冠肺炎疫情期间，各金融机构灵活运用金融政策和工具，采取展期、续贷、降费等举措极大缓解了企业短期偿债压力，充分发挥了逆周期调节作用。2020 年 1～6 月为全市 184 家中小微企业提供贷款延期支持，延期偿还贷款本金 26.27 亿元，延期支付利息 6317 万元。6 月末，全市小微企业信用贷款余额为 13.6 亿元，较年初增加 5.1 亿元。三是加强金融风险管控。构建"风险共担"的银担合作机制，提升企业信用水平，在贷款额度、贷款利率、保证金等方面给予小微企业优惠和减免，缓解了小微企业融资难融资贵问题。截至 2020 年 6 月末，银保合作客户共 196 户、220 笔，在保金额为 20 亿元，同比增长 100.08%。四是转变金融服务理念和服务方式。通过深化政银企对接，采取举办政银企座谈会、金融助推文化旅游发展签约活动、金融知识宣讲会等形式宣传金融产品和政策，有效降低了银企双方信息不对称。2020 年上半年，对文化旅游基础设施、重点旅游项目等总体授信达 141.3 亿元。建立企业融资需求台账，实时更新企业融资需求信息，现已根据 502 家企业融资需求和特点，投放贷款达 28.39 亿元。

第二节　张家界市健全地方金融服务体系劣势

一、地方金融基础薄弱

张家界市企业融资需求旺盛，人民银行张家界市中心支行的调查数据显示，截至 2020 年 1 月底，139 家园区和工业企业融资缺口达 14.99 亿元，融资额度最低为 100 万元，最高达 5000 万元，而面对旺盛的融资需求，金融服务供给体系相对滞后，没有有效发挥出金融对实体经济增长的巨大推动作用。一是金融结构较为单一，金融供给渠道有限。全市金融市场以银行业为主，非银行类金融机构发展缓慢。截至 2020 年 6 月底，全市银行业存款总额为929.7 亿元，贷款总额为 870 亿元；保险业实现保费收入 18.89 亿元，各项赔款和给付支出 3.78 亿元；全市证券机构股票基金交易量 299.8 亿元，保险、证券业务总量小，业务占比低。目前全市仅 1 家上市企业，直接融资市场亟待发展；3 家民营小额贷款公司经营困难，业务逐年萎缩；资产管理、融资租赁、金融咨询等金融服务机构缺位。无论从金融机构的结构上，还是规模上，地方金融机构体系都不够完善，竞争力较弱。二是金融工具及金融产品创新不足。截至 2020 年 1 月底，银行贷款余额中抵押或担保贷款占比91.7%，信用贷款占比仅 8.3%。由于缺乏足值的抵押和担保，大量中小微企业在成长阶段无法通过银行贷款审批，被排斥在正规金融体系之外。由于全国性银行和省法人银行在当地的分支机构受业务管理权限的制约，产品一般自上而下推广使用，业务程序和标准严格统一，所提供的金融产品不能适应当地经济发展实际需要，不能满足当地企业融资需求；地方法人金融机构受到人力、技术、风险和制度等方面的制约，金融产品研发和创新能力不足。三是金融服务效率较低。据调查，在 139 家园区和工业企业中，有流动资金贷款需求的企业 108 家，占比 77.7%，需求金额达 9.87 亿元，占比65.86%；有中长期贷款需求的企业 31 家，金额 5.12 亿元，占比 22.3%。企业对流动资金贷款的需求尤为迫切，而银行对中小企业贷款的方式不灵活，审批程序多，审批时间长，致使企业错过了扩大生产规模和低成本购置原材料的最佳时机，未能有效发挥资金使用效率。

二、金融基础设施建设滞后

金融基础设施是保证金融市场稳健、持续、安全运行的硬件设施及制度安排，不仅包括支付、清算、结算等金融市场基础设施，也包括金融会计准则、信用环境、定价机制等软件设施。张家界市金融基础设施主要存在以下问题：一是地方金融管理制度有待完善。目前，各类金融机构的管理体制有较大差异，各类金融业务的开展主要依据各主管部门法律规章和相关规定，尚未出台针对地方金融业务协调运行的具体管理办法，导致相关管理部门间职责不清、协调成本较高等。二是地方信息服务能力有待加强。近年来，张家界市注重金融政策和信用意识的宣传和教育工作，市整体信用环境有较大提升。人民银行数据显示，2020 年，张家界市在全国地级市城市信用中排名第 39 位，跃居全省第 1 位。然而，相较地方整体信用环境的提升，地方信用信息数据的服务和使用能力还略显不足。尽管全国以央行为主体的社会征信系统得到快速发展，张家界市政府也已成立信息大数据中心，但张家界市融资担保、小贷公司等金融机构未能直接接入央行信用信息基础数据库，市信息中心的企业信息存在更新不及时、数据整理和共享不完善等问题，数据的实际使用频率并不高。因此，目前张家界市尚未真正形成覆盖全市的互联互通、信息共享的地方信用信息服务平台，未能发挥信用体系的最大效用。地方金融基础设施建设滞后既不利于地方金融业务的有效开展，也不利于地方金融生态的改善，一定程度上制约了地方金融业的健康发展。

三、地方财政支撑乏力

财政与金融是地方资金配置的两大手段，两者发挥着合作互补的作用，并随着地方经济发展而发展。对于有效市场领域，财政一般不应涉足，但金融市场的风险处置不当会引发大范围的社会风险，影响社会稳定，财政必须为"稳定"这一公共产品提供保障和支持。因此，对于试图通过金融供给侧改革，更好发挥金融对经济推动作用的地区来说，无论是在金融机构注资建立、金融基础设施建设方面，还是在金融风险防范化解、维护金融市场稳定方面，地方财政投入和支持都十分必要。尤其是 2020 年，在经济下行压力增大和新冠肺炎疫情冲击下，为中小微企业提供融资支持的银行、担保等金融机构的风险显著增大，雄厚的地方财力无疑是保证地方金融安全的重要防线。

根据《关于政府性融资担保体系支持小微企业、"三农"和战略性新兴产业发展的实施意见》（湘政办发〔2019〕64 号）等文件精神，2020 年上半年，张家界市仅在支持融资担保机构的风险分担、资本金补偿、代偿补偿、保费补贴方面就需要财政资金 3000 万元以上，然而张家界与省内其他地市相比，财力差距较大。2020 年上半年，张家界市地方财政总收入仅 27.5 亿元，其中，地方收入 16.28 亿元，全省排名第 14 位；地方税收收入 10.80 亿元，全省排名第 12 位。由于张家界市财政支撑乏力，财政保障政策不能完全落实，影响后续融资担保业务的有力开展，更难以为新成立的地方金融机构提供充足的资本金，地方金融机构体系建设难以起步。

四、专业人才短缺

金融行业的高风险属性决定了对从业人员的职业素养和专业素质要求较高，而张家界市地处偏远落后地区，生产生活环境并不利于吸引高级专门人才。如张家界市金融办成立时间较短，目前仅有 2 名工作人员，人手严重不足，职责分工不清，金融监管质量较低。同时，各金融机构的从业人员素质也亟待提高。一是缺乏具备经济分析能力的专业人才，导致相关领导和部门对经济金融形势和政策的判断不够准确，对地方金融业发展重视不够，对地方金融服务体系建设的支持不足，无法充分有效发挥金融对经济的支持作用。二是缺乏从事金融产品研发的专门人员，导致金融机构工作"表象化"，金融服务质量往往停留在服务态度等表层上，对业务运营状况的分析不够细致与专业，金融产品的设计和创新能力不足。三是缺乏具备信息收集处理能力的信息技术人才，导致对市场需求水平和潜在需求难以准确掌握，无法有效利用大数据、云计算等技术改进金融服务方式，提升金融服务效率。

第三节　张家界市健全地方金融服务体系机遇

一、一系列经济改革举措和战略的提出为地方金融改革提供了政策环境

经过多年的经济建设，我国已成为名副其实的经济大国，但人口红利衰减、供需错位的结构性矛盾凸显、国际经济格局深刻调整等一系列内部和外部因素，成为制约我国经济进一步发展的障碍。在此背景下，中央连续提出供给侧结构性改革、经济高质量发展等战略，旨在通过调整经济结构，实现资源要素的优化配置，促进经济运行数量和质量的提升。尤其是在近期全球经济面临百年不遇之大变局，在国际经济贸易摩擦加剧、新冠肺炎疫情带来巨大冲击且未来仍有很大不确定性的环境下，中央提出加快形成以国内大循环为主、国内国际双循环相互促进新发展格局的战略。经济是"肌体"，金融是"血脉"，要实现双循环，要提升国内经济发展质量，畅通血脉是关键。因此，必须要继续推动金融供给侧结构性改革，进一步发挥金融服务实体经济的作用。这一系列经济改革举措和战略的提出为地方金融服务体系建设提供了机遇，也提出了更多要求。张家界市地方政府和金融管理机构应把握历史机遇，不断建立健全地方金融服务体系，提升地方金融服务能力。以产业升级为先导，适度让利实体经济，构建金融机构与实体企业长期良性的共荣共生关系；稳步推进普惠金融建设，助力中小微企业更便利地接入国内资金融通的"内循环"；创新金融工具，优化金融服务，为消费升级注入新动力。

二、产业兴旺为地方金融服务体系建设创造了现实需求

张家界市委市政府明确提出旅游商品、农副产品精深加工、生物医药、绿色建材、信息和装备制造、新经济六大新兴优势产业链的建设规划，努力夯实产业基础。第一，产业发展使各经济主体的金融服务需求增大。企业新建、升级和技术改造过程中均需要大量的资金投入，根据人民银行抽样调查，张家界市139家园区和工业企业存在资金缺口合计14.99亿元，最低为100万元，最高达5000万元，融资用途主要是扩大生产规模、进行技术改造、购买或租赁生产用地、购买设备或原材料、资金周转等。特别是随着张家界市"一头猪""一条鱼""一片药""一杯茶""一壶酒""一瓶水"的"六个一"绿色产业、特色产业以及乡村旅游业等农业产业的发展，未来对绿色种养殖基地建设、交通和通信等配套基础设施建设、生态保护和旅游开发等项目的贷款需求将进一步增大。第二，产业兴旺发展对金融服务提出了更多样化要求。部分企业融资难，主要是抵押物不足或者是租用厂房的原因，这就要求商业银行转变经营策略，积极开展大型机械设备抵押贷款、存货质押、应收账款质押等业务；融资担保机构应结合企业资金状况、信用状况、经营实力等，及时提供信用担保、资金垫付等金融服务；农业产业生产周期长，经营风险高，这对农业保险提出了更高要求；企业规模化发展对大型机械、设备的需求不断增加，亟待融资租赁市场支持；龙头企业经营效益不断提升，公司治理结构不断完善，对直接融资市场的需求也会大幅增加。因此，产业兴旺为进一步夯实张家界市地方金融基础，完善金融体系建设，开展担保、证券、保险、租赁业务等创造了条件。

三、金融科技的应用为地方金融服务能力的提升提供了技术支持

张家界市正统筹推进信息网络基础设施建设，以主城区和重要景区景点为重点规划建设"5G智慧走廊"，同时推进4G网络和光纤网络向自然村延伸。信息产业建设有利于促进金融科技的应用。一是可以缓解信息不对称。金融机构利用互联网、移动终端等收集客户信息，利用云计算和大数据技术识别客户经济能力和信用状况，利用数据挖掘和区块链技术获取客户履约信息，可以有效降低信息搜集成本、信息识别和决策成本以及信息监督成本。二是扩大金融服务覆盖面。金融机构利用信息技术可以有效突破地理和距离

限制，提升连接客户的能力；进行客户信息筛选和甄别，推出差别化金融产品，精准营销。同时，线上操作能简化业务流程，提升客户尝试更多金融产品和服务的意愿。三是降低金融服务成本。金融科技有利于业务工作标准化、流程化、无纸化，适当解放人力资源，提高工作质量和效率，为地方金融服务能力提升提供了技术支持。例如，慈利农商行积极应用金融科技技术，推出"助农终端"实现存取款、查询、转账、明细打印等基本金融业务覆盖乡村，让更多人群被纳入金融服务的范围；应用"智慧门牌"实现农户信息采集、评级、授信一站式服务，方便快捷，提升客户体验；采用积分营销系统精准回馈客户，增加客户黏度；利用视频会议系统、绩效考核系统和人脸识别技术提升管理能力，防范内部风险；通过对接微信医保缴费平台、工资支付监管系统，扩大资金来源。金融科技的应用增强了地方金融机构的可持续发展能力，成效显著。

第四节　张家界市健全地方金融服务体系威胁

一、经济发展面临较大下行压力

2020年上半年，受新冠肺炎疫情影响，张家界市GDP同比下降1.1%，全市消费、投资、出口、财政收入等均存在不同程度的下滑，社会消费品零售额同比减少9.9%，国有投资同比下降16.4%，民间投资同比下降5.5%，全市出口同比减少62.7%，地方财政收入同比减少15.6%。未来国内外经济形势依旧严峻复杂，全球疫情蔓延、中美贸易摩擦加剧、贸易保护和逆全球化等世界经济不稳定不确定因素较多，张家界市经济社会虽然经受住了新冠肺炎疫情冲击，但市场复苏的速度及程度依然有待观察。2020年上半年，张家界市规模工业企业总产值实现正增长的只有108家，已复工的209家规模工业企业中，再次停工的有 7 家，全市 13 家出口企业仅 4 家企业有产品订单，企业和项目面临困境；全市旅游接待总人次同比下降 68.3%，入境旅游人数同比下降 96.69%，全市 7 家旅游演艺企业复产 3 家，规模酒店整体出租率在 10% ~ 30%，民宿出租率 45% 左右，全市注册导游执业率仅 10%，旅游消费信心受到影响，旅游业复苏有待时日。经济稳增长、促回升依然面临较大压力。

二、地方经济结构单一，产业实力较弱

张家界市属于典型的"老、少、边、穷、新"地区，经济基础薄弱，2020 年上半年，全市地区生产总值增速低于全省平均水平 2.4 个百分点，在省内排第 13 位。这主要是由产业发展滞后，对经济的支撑能力较弱导致的。一是产业结构失衡问题突出。全市一二三产业增加值之比为 11.5∶14.0∶74.5，与其他市州相比，以传统旅游业为主导的产业结构对经济增长贡献和财政贡献较低。旅游业又极易受外部因素干扰，2020 年上半年受新冠肺炎疫情影响，全市旅游总收入同比下降 68.6%，入境旅游收入同比下降 96.91%，68 家规模以上文旅服务业企业营业收入同比下降 75.71%，经济社会发展具有较大不确定性。二是产业基础差、底子薄。2020 年上半年全市规模工业增加值增速同比下降 1.8%，排名全省第 13 位。工业项目开工和储备不足，现有开工项目中 5000 万元以上的大项目不多，缺乏产业集聚度高的龙头带动型项目和基地型项目；现有规模工业企业中成长性较好的企业不多，普遍存在规模小、效益低的现象，对周边经济示范和带动能力弱，难以形成新的经济增长点；工业发展后劲不足，新兴优势产业的协同支撑作用有待增强。三是产业链条短。张家界市现有产业项目大多以种植养殖、农副产品初加工、农家乐等低端产业为主，这些产业技术水平低，产业链条短，对经济的支撑作用有限，然而进入门槛低、信息不对称，极易导致盲目生产，造成产品差异化不足，资源大量浪费。

三、金融体制机制存在制约

金融是经济的核心，地方经济发展离不开地方金融的支持。但地方金融

体制机制建设滞后，制约着经济发展。一是受以大中型银行为主体的金融体制制约。近年来，张家界市金融服务体系不断完善，但以大型银行为主体的金融体系没有发生根本变化。大型商业银行业务网点多，资金实力强，但中小微企业贷款业务风险大、成本高、额度小，因而并不是大中型银行看重的目标客户。截至2020年6月末，中国邮政储蓄银行张家界分行存款余额95亿元，占比10.22%，而贷款余额仅为26.9亿元，占比3.1%，贷存比为28.32%，实际上成了地方经济的"抽水机"。而小型银行决策链条短，反而更愿意服务于当地企业。截至6月末，农村商业银行（张家界农商行、慈利农商行、桑植农商行）贷款余额为172.3亿元，占比19.8%，高于大型商业银行（中国工商银行占比13.4%，中国农业银行占比16.7%，中国银行占比4.1%，中国建设银行占比18.9%，交通银行占比3.2%，邮政储蓄银行占比3.1%），充分发挥了对当地实体经济的支持作用。但张家界市地方法人银行业金融机构仅有4家，机构数量偏少，融资规模有限，远远无法满足中小企业日益增长的融资需求。二是受市级金融监管权力缺位的金融机制制约。我国目前的金融监管体制是银保监会负责制定各类金融机构的经营规则和监管规则，省级地方金融监管局负责对"7+4"类金融机构实施准入、监管和处罚，市金融办负责组织、协调或配合有关部门开展各项金融管理工作。可见，张家界市金融办既无行政执法权，也无行政许可准入权。全国性和省级法人金融机构的地方分支机构的业务管理权限均不在地方，如全国性商业银行的业务管理权限在总行或省级分行，农信社的人事管理权限在省联社、业务管理权限在省银保监局；市金融办仅对典当行、融资担保公司、小额贷款公司3类机构具有管理职责，但又受地方金融监管局的业务指导，如对金融业务审批、金融牌照的发放方面仅具有初审权，最终审批权都在省金融监管局。因而，张家界市金融办实际承担的仅是协调管理职能，对地方金融机构的监管职责有限，监管质量较低，无法督促各类金融机构服务于地方实体经济。

四、政府和市场边界不清

政府和市场是资源配置的两种手段。一方面，要充分发挥"有效市场"

在资源配置中的决定性作用；另一方面，由于金融市场中存在垄断、信息不对称、金融风险的外部性等问题，"有为政府"的干预也十分必要。政府是金融体系建设的顶层设计者，是金融基础设施建设的供给者，是金融风险的监督管理者，发挥着对市场机制的补充作用。然而，张家界市存在政府和市场的边界不清、关系不顺的问题，导致金融市场资源配置效率较低。一是政府对地方金融体系建设的设计和引导不足。张家界市金融服务体系以大型商业银行为主体，存在明显的"扶强不扶弱"倾向，而地方金融机构数量不足，资金实力有限，对当地企业的支持力度和规模都不足，不能适应实体经济的金融服务需求。目前张家界市虽已明确提出"建设区域性金融中心和综合金融服务基地"的发展方向，但对地方金融机构类型与规模、产权和业务形式、金融市场的激励机制、专业人才引进和培养等方面还缺乏针对性的规划和具体的引导措施。二是政府对金融基础设施建设的供给不足。金融基础设施的投入成本高、时间长，具有非竞争性和非排他性的公共产品特征，不能由市场有效供给，但同时又具有较强的外部收益，有利于整个金融市场的有效运行，因此应由政府保障供给。长期以来，张家界市以旅游立市，对当地其他产业包括金融业重视不够，对地方金融业的支持力度不足。目前张家界市存在金融管理制度不健全、信用信息服务滞后等问题，导致地方金融机构之间的合作不充分、金融服务效率较低，没有充分发挥地方金融机构的"毛细血管"作用。三是政府对金融风险的监管力度不足。受金融监管体制的制约，加之成立时间短、工作人员少，导致张家界市金融办职责分工不清、金融监管质量较低。外部金融监管不足可能导致地方金融机构内部的风险意识不强、风险防控能力不足。同时，在经济面临较大下行压力的背景下，民间非法金融活动对金融和经济社会的威胁加大。因此，张家界市政府及有关部门在不断建设和完善地方金融服务体系过程中，不能忽视对金融风险的防范。

第五节 完善张家界市地方金融
服务体系的战略分析

一、SWOT 矩阵静态分析

在张家界市地方金融服务体系的 SWOT 矩阵中（见表 4 - 1），通过内部条件和外部环境各要素间的不同组合与分析，可以得到张家界市完善地方金融体系的 WT、ST、WO、SO 四种发展战略。

表 4 - 1　完善张家界市地方金融服务体系的 SWOT 矩阵分析

外部因素 / 内部因素	优势（Strengths） 1. 具备良好的金融政策环境 2. 当地金融服务体系已有一定基础 3. 当地金融供给侧结构性改革稳步推进	劣势（Weakness） 1. 地方金融基础薄弱 2. 金融基础设施建设滞后 3. 地方财政支撑乏力 4. 专业人才短缺
机遇（Opportunity） 1. 一系列经济改革举措和战略的提出为地方金融改革提供了政策环境 2. 产业兴旺为地方金融服务体系建设创造了现实需求 3. 金融科技的应用为地方金融服务能力的提升提供了技术支持	SO（发挥优势，抓住机遇） 应用金融科技创新，着力发展普惠金融、绿色金融、科技金融等特色金融	WO（抓住机遇，转化劣势） 建立健全功能互补、产品多样的金融服务体系
威胁（Threats） 1. 经济发展面临较大下行压力 2. 地方经济结构单一，产业实力弱 3. 金融体制机制存在制约 4. 政府和市场的边界不清	ST（发挥优势，回避威胁） 开放金融市场，培育多层次、多元化、多产权形式的现代金融服务机构	WT（减少劣势，回避威胁） 加大政策支持力度，引进和培养人才，完善金融基础设施，加强金融监管，优化营商环境条件

WT战略：加大政策支持力度，引进和培养人才，完善金融基础设施，加强金融监管，优化营商环境条件。张家界市应主动转变政府职能，加大对信用平台、监管法规、人才培养等金融基础设施的投入力度，同时加强对诚信观念的宣传和倡导，营造诚实守信的营商环境。该战略属于防御型策略，能合理规避外界威胁，降低自身薄弱因素的不利影响，有利于促进张家界市现代金融服务体系的建立和发展。

ST战略：开放金融市场，培育多层次、多元化、多产权形式的现代金融服务机构。在已有的金融条件基础上，鼓励和引导民间资本进入金融领域，不断丰富产权主体类型。同时，在保持现有地方金融机构发展势头的基础上，继续丰富金融机构类型，开拓多元化金融业务。该战略属于经营型策略，考虑了张家界市自身的金融基础和能力，避免了外部经济金融环境的不利影响，有利于提升张家界市的金融竞争力，促使张家界成为具有金融竞争力的城市。

WO战略：建立健全功能互补、产品多样的金融服务体系。引导金融机构加强普惠能力建设，同时，充分发挥地方金融机构"毛细血管"与国有大型金融机构"主动脉"合作互补作用。该战略属于扭转型策略，能够充分利用外部机会，克服内部弱点，有利于提高张家界市的金融影响力。

SO战略：应用金融科技创新，着力发展普惠金融、绿色金融、科技金融等特色金融。鼓励金融机构应用金融科技进行技术创新、业务创新和管理创新，满足经济主体多样化的金融服务需求；依托张家界市的旅游品牌优势，以增强张家界市绿色产业、特色农业等的发展能力为目标，进一步提高地方金融体系服务实体经济的能力。该战略属于增长型战略，利用张家界市的自身优势和外部机遇，充分发掘张家界市金融服务潜力。

二、SWOT矩阵动态分析

地方金融服务体系建设是一个不断发展、不断变化的过程，应当遵循一定的发展规律，可以运用SWOT矩阵的动态模式对张家界市地方金融服务体系建设的战略选择过程进行分析。第一，在张家界市地方金融服务体系发展的初级阶段,应该采用较为保守的战略方式,选取防御型的 WT 战略或经营型的 ST 战略,建立服务实体经济的地方现代金融业。第二,随着张家界市地方金融服务能力的提升,在发展的第二阶段,可以选择扭转型战略,为张家界市进一步发展成为武陵山片区区域性金融中心创造条件。第三,当张家界市的金融地位和实力发展到一定程度后,可以采用增长型战略,为张家界市最终建设成为与国内外知名旅游胜地相适应的知名地方金融中心创造条件。如图 4 - 1 所示。

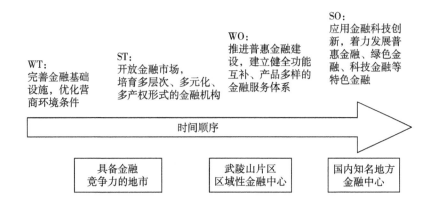

图 4 - 1　完善张家界市地方金融体系的 SWOT 矩阵动态分析

第五章　部分省市完善地方金融服务体系的经验启示

第一节　温州市完善地方金融服务体系的经验借鉴

温州，我国东南沿海一座普通又独特的城市，改革开放 40 多年来，作为我国民营经济的发祥地、金融改革的"桥头堡"，名声大噪，实现了从资源小市到经济大市的跨越，发达的民营经济成为温州经济的重要支柱和最大特色，成就了世界瞩目的"温州模式"。金融活则经济活，温州是中国民间借贷和民间金融最为发达的地区之一。因此，系统研究温州金融改革发展历程、主要做法与发展成效，对地方县市建立健全金融服务体系具有重要的现实意义。

一、温州经济的基本特征

（一）以民营经济、私有部门为主的所有制和产权结构

温州经济本质上就是民营经济，最突出的特点是温州经济的所有制和产权结构。在中国经济转型发展中，温州经济区别于其他地区的重要特征和备

受关注的根本点在于民营企业的迅速发展。民营经济、私有部门及非正式部门在温州经济发展中始终占据主导地位。早在1999年，温州工业企业总数已达12.80万家，居浙江首位（徐立平，2018）。目前，温州的市场主体总量超过100万户，相当于每9个温州人中就有1个老板，每26个人中就有1家企业，这些企业主要集中在电气、鞋革、服装、汽摩配、泵阀等行业，大多数是以家庭企业或个体私有产权结构为基础的中小微企业，这也是温州经济实力越来越雄厚的发展逻辑，有学者将温州经济形象地称为"老百姓经济"。所有制特征反映在资本结构上就是巨大民间资本的形成，丰富的民间资金成为温州民营经济发展的重要金融来源，大量中小微企业的资金需求也为温州民间金融市场发展提供了广阔空间。

（二）遵循市场化特征的经济运行机制

温州是改革开放后我国民营经济的发源地，又是风向标，历来就有市场化改革的基因。无论是生产资料、产品，还是劳动力、资本和技术，只有依托市场渠道和市场机制获得经济资源，通过市场联结生产和销售以及协调组织，私有部门经济才能生存和发展起来。温州生产的产品大多是民用小商品，生产品类杂、批量大、销售广，用费孝通教授的话就是"小商品、大市场"，能很好地反映温州经济结构市场化的特点。此外，在温州的要素市场中，资金市场是最具特色的，早在国有银行商业化改革之前，温州就已经形成了规模较大的民间资金市场，地方要素市场的形成对温州模式的形成与发展起着至关重要的作用。

二、温州金融改革试验区的发展概况

（一）建立温州金融改革试验区的背景

自2008年以来，全球金融危机严重影响实体经济，并大面积蔓延，导致我国经济有效需求明显不足，特别是以外贸出口为导向的温州经济受到的影响极大。2011年2月，欧洲债务危机爆发，其负面影响再次波及全球，温州成为中国受影响最严重的地区之一。2011年4月，有25%~30%的温州企业陷入困境，出现资金链断裂、无力偿还巨额债务的现象，下半年接连发生企业倒闭、破产、老板跑路事件，最终演变成震惊中外的温州民间借贷危机。此次借贷危机波及企业数量多、涉及金额大。温州市金融办数据显示，2011年4月至2012年2月，倒闭、停产及老板跑路的企业多达234家，仅2011年，担保公司损失达14亿元，温州银行业的不良贷款率连续6个月上升。截至2012年2月底，温州市银行业不良贷款率高达1.74%，与上一年相比提高了1.37%，2014年达到最高峰的4.69%，对经济社会的稳定造成了一定的负面影响。

因此，引导民间金融规范成长，不仅对温州地区经济发展举足轻重，而且对我国的金融体制改革具有重大探索意义。2012年3月28日，国务院总理温家宝主持召开国务院第197次常务会议，决定设立"温州市金融综合改革试验区"（以下简称"温州金改"），其目的就是通过金融体制机制的创新，着力构建一个与经济社会发展相匹配的多层次、低成本、广覆盖、适度竞争、市场化运作的现代金融服务体系，不断加强金融市场的功能，提升金融市场资源配置效率，使正规金融服务实体经济的能力及防范民间金融风险的能力明显增强，金融环境明显优化，解决温州经济发展中"民间资金多、投资难；中小企业多、融资难"的"两多两难"问题。温州金改不仅对温州经济的健康发展至关重要，而且对全国地方金融改革和经济发展也具有重要的探索意义。

（二）温州金融改革试验区的改革内容及实践

2012年3月28日，国务院第197次常务会议批准实施《浙江省温州市金融综合改革试验区总体方案》（以下简称《方案》），《方案》按照国务院要求确定了规范发展民间融资、加快发展新型金融组织、创新发展金融产品与服务、培育发展地方资本市场、完善地方金融管理体制五大改革方向，12项具体改革任务。改革任务包括以下内容：①规范发展民间融资。制定规范发展民间融资的管理办法，建立民间融资备案管理制度，建立健全民间融资监测体系。②加快发展新型金融组织。鼓励和支持民间资金参与地方金融机构改革，依法发起设立或参股村镇银行、贷款公司、农村资金互助社等新型金融组织。符合条件的小额贷款公司可改制为村镇银行。③发展专业资产管理机构。引导民间资金依法设立创业投资企业、股权投资企业及相关投资管理机构。④研究开展个人境外直接投资试点，探索建立规范便捷的直接投资渠道。⑤深化地方金融机构改革。鼓励国有银行和股份制银行在符合条件的前提下设立小企业信贷专营机构。支持金融租赁公司等非银行金融机构开展业务。推进农村合作金融机构股份制改造。⑥创新发展面向小微企业和"三农"的金融产品与服务，探索建立多层次金融服务体系。鼓励温州辖区内各银行机构加大对小微企业的信贷支持。支持发展面向小微企业和"三农"的融资租赁企业。建立小微企业融资综合服务中心。⑦培育发展地方资本市场。依法合规开展非上市公司股份转让及技术、文化等产权交易。⑧积极发展各类债券产品。推动更多企业尤其是小微企业通过债券市场进行融资。建立健全小微企业再担保体系。⑨拓宽保险服务领域，创新发展服务于专业市场和产业集群的保险产品，鼓励和支持商业保险参与社会保障体系建设。⑩加强社会信用体系建设。推进政务诚信、商务诚信、社会诚信和司法公信建设，推动小微企业和农村信用体系建设。加强信用市场监管。⑪完善地方金融管理体制，防止出现监管真空，防范系统性风险和区域性风险。建立金融业综合统计制度，加强监测预警。⑫建立金融综合改革风险防范机制。清晰界定地方金融管理的职责边界，强化和落实地方政府处置金融风险和维护地方金融稳定的责任。

（三）温州金融改革试验区的实践及成效

温州金融综合改革试验区已历时近10年，试验区在彰显地方金融改革特色、助推金融结构和组织创新等方面做了许多有益的实践探索：

1. 放宽民间资本进入金融领域门槛，引导其规范发展

温州市金融综合改革的12项主要任务中，"规范"成为首要任务。如《浙江省温州市金融综合改革试验区总体方案》（以下简称《方案》）指出：开展金融综合改革，切实解决温州经济发展存在的突出问题，引导民间融资

规范发展，提升金融服务实体经济的能力，不仅对温州的健康发展至关重要，而且对全国的金融改革和经济发展具有重要的探索意义。按照这一《方案》精神，自金改以来，温州新增了民间资本管理公司、中小企业票据服务公司、应急转贷资金管委会等新型金融及管理组织，有效扭转了正规金融机构与非正规金融组织发展不协调的局面，推动了引导民间资本通过各大平台转变成为产业资本，服务实体经济达 1000 多亿元。其中，民间资本管理公司以"民资管家"服务为特色，累计引导 57.1 亿元民资投向近 1287 个实体产业项目；设立第一家民营银行试点——温州民商银行，成为民资进入银行业和民资服务小微企业的新标杆；推动温州银行增资扩股、8 家农村合作金融机构股份制改造，民资进入金融领域资金额达 150 亿元。增设小贷公司，开展信用评级工作。截止到 2021 年 7 月，温州市新注册小额贷款公司 6 家，全市小贷公司总量增至 40 家。同时，展开信用评级工作，使小贷公司运营和管理更加透明、更加规范，也使社会资源向优质的小贷公司流动，为今后分类监管打下了坚实的基础。

2. 创新中小企业金融服务模式，缓解融资约束

温州金融综合改革试验区从正式设立起，就肩负着破解中小企业融资难的重任。为给以中小企业为主的实体经济营造稳定健康的金融生态，温州金融改革做了一些探索性的实践，如大力推动现代企业制度建设、正式开业全国第一家民营银行、建设中小企业金融综合服务网等。目前，温州中小企业融资难的问题虽然还没有从根本上得到解决，但已经得到很大程度的缓解。创新"农民资产授托代管融资"业务模式，以农户资产授托承诺代替抵押和担保，预计将惠及 10 万农户，有效盘活 300 亿元"沉睡"资产，打通农村金融服务"最后一公里"；此外，试验区采取社会信用体系重构、中小企业改造升级及落后产能淘汰等改革措施，培育出一批全省乃至全国领先的创新项目。为支持这些创新项目的发展，2020 年，培育和创新首贷户、企业信用贷款、无还本续贷三类具有温州首创元素的小微企业金融业务，并被写入全国"两会"政府工作报告。同时率先探索破产重整企业信用修复和"无抵押贷

款"试点,破解民营企业融资难题成为省级金融改革创新发展典型案例。

3. 依托"信用+大数据"建设温州特色的信用平台

温州大力倡导和打造"信用温州",历时 11 年,在 2017 年 12 月 28 日,温州市成功获批成为全国社会信用体系建设示范城市。早在 2006 年,温州市就建成并运行温州市企业公共信用信息平台,率先打破"信息孤岛",推动信用信息共建共享。2012 年,温州市建成温州信用网,2016 年,启动建设温州市信用信息综合服务平台,发挥风险预警功能,实现对企业经营能力、许可资质、社会诚信和风险状况的底层穿透。随后,温州市又以信用信息综合服务平台为总枢纽,为 11 个县(市、区)开发信用子平台。截至 2017 年底,该平台为全市 1.2 万家非企业法人、26.9 万家企业、50.6 万家个体工商户和 821.7 万个自然人建立信用档案。如今,只要打开"信用温州"平台,不仅能查到企业、个人、政府机关、事业单位、社会组织的信用信息,还公布了大量守信激励、失信惩戒的案例和名单。截至 2020 年 6 月末,平台归集了 28 个部门 4759 万条数据,累计发送红色预警信息 59.7 万条、橙色预警信息 50.3 万条、黄色预警信息 81.2 万条。特别是近年来累计处置不良贷款 1600 多亿元,不良贷款率从 2014 年最高峰时的 4.69% 下降至 2019 年底的 0.94%,有效地化解了区域金融风险,民营经济实现从"风险先发"到"率先突围"的转变,为全国打好金融风险攻坚战率先探路。

4. 建立风险共担的联动防控新模式,为小微主体增信

为了解决小微企业融资难问题,温州市政府、银行、保险公司等联手率先建立风险共担机制,试点小额贷款保证保险和设立小微企业信用保证基金,为小微企业增信。小额贷款保证保险是政府、银行与保险公司协作的新模式。对借款人而言,不需要提供抵押或担保,只需按照贷款金额的一定比例缴纳保费,就能获得低成本贷款。对银行而言,通过小额贷款保证保险可以使逾期贷款的大部分风险转移到银行体系以外,由政府和保险公司共同承担。温州成立小额贷款保证保险运营管理中心,采取"政府+保险+信贷"的政银保合作模式,项目试点以来总计开展"小贷险"业务 19076 笔,累计推动发

放银行贷款约 44 亿元，累计赔付 3350 万元，成功协助银行追回不良贷款 577.8 万元。此外，温州成立温州信保中心，设立小微企业信用保证基金。该基金由温州市、区两级政府出资，6 家银行捐资发起成立。温州信保中心对同意担保的项目向合作银行开具全额担保函，担保项下融资出现风险，温州信保中心按出险金额 80% 进行代偿，合作银行承担 20% 风险。

5. 中小银行运用金融科技，开发温州特色金融产品

如温州银行、鹿城农商银行等地方法人机构立足本地应用场景，创新开发了一系列具有温州特色的金融产品。全市 11 家农商银行在省农信联社开发的"浙里贷"平台，利用大数据技术，依托公积金、税务、工商、人民银行征信等政府公共数据，对客户的信用信息进行有效挖掘，为客户提供"足不出户"线上秒贷服务。各家金融机构积极推进"整合场景、融入场景、自建场景"策略，普遍以手机银行 App 为入口，聚合金融与非金融服务，深化与第三方机构合作，打造综合金融移动门户。2012 年 12 月 7 日，温州市金融办首创温州民间融资综合利率指数，简称"温州指数"，形成覆盖全国的民间融资监测网络。温州指数是反映一定时期内民间融资价格变动情况及趋势的一套指数体系，包括不同融资平台、融资期限、融资方式的利率水平与趋势等，成为温州及全国民间融资市场的"风向标"和"指示器"①。目前已在全国 46 个城市设立了 600 多个监测点并开展监测合作，实现对民间融资利率的全面监测，引导民间融资利率市场化。

6. 搭建金融招才引智交流示范平台，吸纳专业人才

为给深化金融改革储备金融精英人才团队，温州搭建了金融招才引智交流示范平台。2020 年 7 月，温州设立长三角地区首个地级市金融人才服务中心——温州长三角金融人才服务中心，充分利用温州长三角金融人才服务中心平台，联合全市金融机构打造金融人才招引培育品牌；开展金融人才专题招聘活动，为金融机构提供高效的人才招引平台；开设温州金融学科改革共

---

① 资料来源：温州指数官方网站，http：//www.wzpfi.gov.cn/。

建班，加强金融人才"线上+线下"招聘力度，结合首批试点进展情况进一步扩大覆盖面及影响力；与上海财经大学金融家俱乐部、世界温州人金融智库等开展联动合作，持续开展金融人才技能培训、瓯江金融大讲堂等活动，创新搭建政府部门、金融机构、企业家和经济金融学者交流桥梁。

三、温州地方金融服务体系建设取得的成效

在各级政府政策的支持下，温州市地方政府和各机构、部门、企业共同努力，地方金融服务体系建设取得了显著的成效。

（一）多元化、多层次金融服务体系基本健全

近几年来，温州GDP增长率总体保持在7%～8%的水平，高于全国以及浙江省，2019年温州实现地区生产总值6870.9亿元，总量迈入全国前30强。金融活则经济活，金融稳则经济稳。活跃的温州经济持续健康发展得益于强有力的地方金融服务体系的支持与保障。温州凭着"敢为人先、特别能创业创新"的精神，用一项项突破性改革创新探索出一条适合温州经济特色和发展实际的金融改革之路，从"风险先发"到"率先突围"，形成如今"风险债务向下、指标信心向上"的积极态势，风险化解有序推进，风险突围的成效进一步巩固。温州银行业不良贷款率从2014年最高峰时的4.69%下降到2019年底的0.94%，这也是自2011年以来，第一次低于浙江省平均水平，金融生态基本恢复，全市金融机构为适应经济环境变化做出了积极的应对和调整。

温州银监分局统计数据显示，截止到2019年底，温州共有政策性银行、国有商业银行、股份制商业银行、城市商业银行、民营银行、邮政储蓄银行、农村合作金融机构及村镇银行八大类共计54家银行业金融机构，近1500个营业网点遍布城乡。具体包括1家政策性银行、2家辖内股份制商业银行、16家商业银行一级分行、16家商业银行二级分行、11家农村商业银行、8家村镇银行；非银行类金融机构包括20多家保险机构、5家证券分公司和100家证券公司营业部、1家期货分公司和20多家营业部、1家资金互助社等

（见表5-1）。除此之外，以民营经济为主体的温州，非正规金融组织发展较为活跃，包括小额贷款公司、私人钱庄、典当、民间自由借贷、担保公司等，基本已经建成多层次、广覆盖、适度竞争的现代金融服务体系。

表5-1　温州正规金融机构体系的构成　　　　　　　　　单位：家

银行业金融机构	数量	非银行业金融机构	数量
政策性银行	1	保险机构	20 +
商业银行一级分行	16	证券分公司及营业部	105
商业银行二级分行	16	期货分公司及营业部	21
辖内股份制商业银行	2	担保公司	24
农村商业银行	11	小额贷款公司	40
村镇银行	8	资金互助社	1

资料来源：企查查。

温州市金融办数据显示，2020年，温州金融业增加值达472.92亿元，金融业增加值占GDP的比重达6.88%，第三产业增加值的比重达12.2%。金融机构本外币存款余额15270.4亿元，比上年末增长14.1%，其中，人民币存款余额15032.0亿元，增长14.3%。年末住户人民币存款余额8550.4亿元，增长12.5%。2020年末，金融机构本外币贷款余额13639.1亿元，同比增长17.5%，其中，人民币贷款余额13565.3亿元，同比增长17.7%，银行业不良贷款率0.79%，维持在省平均水平以下（见表5-2）。

表5-2　温州市主要金融经济指标

指标	单位	2019年	2020年	2020年比2019年增长（%）
生产总值	亿元	6606.1	6870.9	3.4
财政总收入	亿元	936.9	962.5	2.7
金融机构人民币存款余额	亿元	13156.4	15032.0	14.3
金融机构人民币贷款余额	亿元	11529.6	13565.3	17.7
城镇居民人均可支配收入	元	60957.0	63481.0	4.1
农村居民人均可支配收入	元	30211.0	32428.0	7.3

资料来源：温州市金融办。

（二）地方股份制商业银行致力普惠金融形成"温州经验"

温州银行成立于1998年12月17日，其前身温州市商业银行由29家城市信用社、6家金融服务社和8家营业处整合而成。通过9次增资扩股和股本结构优化，注册资本由2.90亿元增至66.92亿元。2007年，温州市商业银行顺利更名为温州银行，成为温州首家具有一级法人资格的地方性股份制商业银行，也是当地规模最大的股份制商业银行。同年，温州银行启动跨区域经营，在上海、杭州、宁波等9地设分行，在温州市内辖有2家分行，现共辖178家营业网点，员工3500余人，对温州本土实现了全覆盖，形成了"立足温州、布局浙江、进军长三角"的跨区域经营发展格局。

截至2020年末，温州银行资产规模达2873亿元，存款总额为1968亿元，贷款总额为1397亿元，资产总额、存款余额、信贷融资总量均在浙江省内城商行中位列第三，在英国《银行家》杂志2018年"全球银行1000强"中排名第470位。近年来，温州银行先后获得亚洲最具影响力金融品牌、中国银行业100强、中国服务业企业500强、中国企业信息化500强、中国品牌文化影响力500强、全国支持中小企业发展十佳商业银行、中国城市商业银行十大影响力品牌等称号①。温州银行植根于温州民营经济的沃土，坚持"做小微企业的银行"的市场定位，坚持"立足地方、立足中小、立足市民"，把"助力小微、支持温商、服务三农"作为经营理念，深耕小微，服务小微，与民营经济共荣共生。

温州银行作为根植于温州当地的一家股份制商业银行，一直以来高度重视普惠金融事业发展，将普惠金融发展的实践上升到战略性、全局性、持续性、民生性工程的高度，积极打造普惠金融的"温州经验"。2018年8月10日，温州银行正式成立普惠金融事业部，坚持"助力小微、支持温商、服务三农"的特色化经营理念，不断丰富普惠金融内容，大力支持小微企业发展，取得了卓越的成效。基于小微企业纳税数据，温州银行通过线上申请、

---

① 资料来源：温州银行官方网站，http://www.wzcb.com.cn/about/view。

自动审批、自助放款模式，面向小微企业法定代表人 7×24 小时全天候发放"温享贷"产品，用于支持小微企业短期生产经营周转的小额纯信用贷款业务，单户最高 100 万元，贷款期限最长 1 年，还款方式为按月结息、到期还本。自 2019 年 6 月 10 日"温享贷"正式上线以来，累计授信 47753 万元，累计放款 34385 万元，贷款余额 29318 万元，惠及 702 户小微企业，加权平均年利率 7.75%，极大地缓解了小微企业临时性资金困难，降低了小微企业融资成本，支持了小微企业可持续发展。

（三）重构以政策性为主的融资担保体系缓解民营企业融资难问题

自 2011 年 4 月以来，温州"老板跑路"事件不断，2012 年温州互保联保危机蔓延，"温州模式"受到很大质疑。这表面上看是企业资金链断裂导致的问题，但从深层次来看，归根结底是由于担保风险没有有效的释放渠道所导致（于玲燕，2013）。温州民营企业众多，企业规模小，家族管理的方式使企业财务管理欠规范，抵押担保品不足等导致资金供需矛盾突出。信用担保是解决中小企业融资难的有效措施，融资担保通过缓解借贷双方信息不对称、分散信用风险、为民营企业增信等方式，为民营企业解决了融资难问题（张杰，2005）。因此，温州市致力加快推进政策性融资担保体系建设，通过创新专项担保产品、建立健全长效机制等多项措施，引导推动全市政府性担保业务稳健快速发展，在提高民营企业申贷率、降低企业融资成本等方面成效显著。

1. 形成多元化、差异化的全覆盖担保体系

自危机发生以来，温州市以重塑温州信用为核心，对市融资担保公司、市信保基金和农信融资担保等差异化、互补式的融资担保体系进行重构，引导中小企业做好转型升级，打造一批有强劲发展势头的担保公司。基本形成既有为中大型民营企业贷款、发债提供增信担保的市融资担保公司，也有为小微企业提供担保的市信保基金，还有为"三农"主体提供担保的各地农信融资担保机构，在民营、小微和"三农"融资领域形成了有效互补，实现了业务全覆盖。此外，进一步改革银行信贷体系，建立了完善的风险分散机制，

保证整个担保体系的健康、高效运转。

2. 担保产品和服务创新进一步加强

温州市辖内政府性融资担保机构积极推进担保产品和服务创新，创新推出了"首贷保""科创保""入园保""订单保"等各类专项担保产品，切实提升了融资担保服务的精准性。其中，"首贷保"产品有效破解小微企业首贷难的问题，引导信贷资金向轻资产、无抵押、无信用记录的"零信贷"小微企业倾斜。2020 年 6 月末，"首贷保"产品在保余额 20 亿元以上。

3. 融资担保服务的长效机制基本形成

温州市充分发挥财政资金引导作用，建立了财政支持融资担保机构资本金补充和风险补偿等制度，为融资担保机构可持续发展创造良好的环境。温州市对融资担保业务月均在保余额达注册资本 5 倍以上，且月均在保户数当年度增幅达 30% 以上的政府性融资担保机构，给予月均在保余额 0.5% 的资本补充激励。建立 5 亿元专项风险补偿基金，对政府性融资担保机构因担保业务发生实际损失的，给予单笔实际损失 20%、最多不超过 240 万元的风险补偿。

目前，温州市为民营企业提供信用担保的机构主要包括商业性信用担保机构和政策性信用担保机构，全市有 24 家融资性担保机构，其中政策性担保融资机构有 11 家，其余 13 家为商业性融资担保机构，如表 5 - 3 所示。

表 5 - 3　温州市融资担保机构

政策性担保机构	商业性担保机构
温州市农信融资担保有限公司	温州市总商会中小企业融资担保有限公司
温州市融资担保有限公司	温州保利资担保有限公司
温州市小微企业信用保证基金运行中心	温州市金茂融资担保有限公司
温州市鹿城三农融资担保有限公司	温州市联银融资担保有限公司
永嘉县农信融资担保有限公司	温州市太平洋融资担保有限公司
平阳县农信融资担保有限公司	温州市华盈信用融资担保有限公司
平阳县中小企业融资担保有限公司	温州兴农融资担保有限公司

续表

政策性担保机构	商业性担保机构
苍南县农信融资担保有限公司	永嘉县大都融资担保有限公司
泰顺县裕洋融资担保有限公司	瑞安市桑农融资担保有限公司
瑞安市农信融资担保有限公司	浙江金银丰融资担保有限公司
乐清市农信融资担保有限公司	浙江华峰担保有限公司
	浙江天安融资担保有限公司
	浙江华正担保有限公司

根据对以上 24 家融资性担保机构 2019 年度运营情况的各项数据分别进行归类整理（见表 5 - 4），可以发现政策性担保机构担保金额占担保总额的比重达 74%，商业性担保机构担保金额的占比为 26%，其中，对小微和"三农"贷款担保方面，政策性担保机构担保占比 93%，商业性担保机构担保金融占比 7%，政策性担保机构担保户数占比 92%，商业性担保机构担保户数占比 8%，可见政策性担保机构在现有融资担保体系中发挥主要作用。

表 5 - 4 2019 年温州各融资性担保机构运营情况

	担保金额 （万元） （占比）	小微和"三农" 贷款担保 （万元）（占比）	担保户数 （占比）	担保放大 倍数	担保代 偿率	代偿 损失率
政策性担保机构	1192267.36 （74%）	707867.76 （93%）	17365 （92%）	4.07	0.26%	0.01%
商业性担保机构	419061.32 （26%）	52599.56 （7%）	1611 （8%）	5.73	0.85%	0.39%
担保机构总体	1611328.68	760467.32	18976	4.4	0.48%	0.15%

资料来源：蔡吟茜. 温州民营企业担保融资现状及优化路径探析［J］. 特区经济，2020（10）：136 - 139.

从表 5 - 4 可以看出，第一，政策性担保机构担保放大倍数为 4.07 倍，商业性担保机构则是 5.73 倍；政策性担保机构的担保代偿率为 0.26%，商业性担保机构则是 0.85％ ；政策性担保机构的代偿损失率为 0.01％ ，商业性担保机构则是 0.39％ 。对比同期温州银行不良贷款率 0.94％ ，关注类贷款占比 1.87％ ，可以看出民营企业参与融资担保后风险相对更可控，且政策性融资担保机构的风险控制能力强于商业性融资担保机构。第二，政策性融资担保机构在总融资担保额度、"三农"和小微贷款担保额度、担保户数方面都高于商业性融资担保机构，由于政策性融资担保机构具有"非营利性"的准公共产品特征，企业申请门槛更低。可见，政策性融资担保机构在缓解民营企业，特别是缓解"三农"和小微企业主体融资难、融资贵方面发挥着重要作用。

四、温州市地方金融服务体系的经验启示

金改，是温州的一张"金名片"。自 2012 年 3 月国务院批准温州成为金融综合改革试验区以来，温州市针对破解民间资金多、投资难，中小企业多、融资难的"两多两难"困境，在地方金融体制机制创新等方面取得了一批可复制、可推广的经验与做法，形成地方金融服务实体经济尤其是支持小微企业的"温州样本""温州经验"。

（一）适当放宽地方金融机构市场准入门槛

解决普惠金融服务供给不足问题，关键是创新普惠金融组织体系。健康发展的民营金融机构是正规金融的有益补充，也是普惠金融组织体系不可缺少的一部分，对其进行有效引导，可以修正扭曲的金融资源配置结构（李世财，2020）。不仅要鼓励现有各金融机构向县域、乡镇延伸机构和业务，而且还要适度放宽市场准入门槛，有序引导社会资本和民间资本进入金融领域。放宽金融机构的市场准入门槛虽然在一定程度上可能会加大金融市场风险，但从温州金融改革的经验来看，良性的竞争秩序和高效的资源配置都是建立在相对宽松的市场准入政策基础上，尤其是对地方金融活力增强、地方经济发展而言更加重要。放宽和简化机构设立，通过设立更多的金融机构类型来加大金融对地方经济，特别是对县域和"三农"以及中小企业的支持力度，

发挥地方金融机构之间的功能互补、相互协调、相互支撑作用，实现金融结构的优化，可以在更有力地支持地方经济的同时，获得金融业的健康可持续发展。当然，中小金融机构在谋求自身发展时，应综合考虑资本充足状况、内部控制及风险管理水平、业务经营计划的连续性以及国家宏观经济政策环境等因素，做到统筹兼顾。

（二）健全地方金融管理政策与法律法规推进民间金融规范化运行

通过对温州民间金融与经济发展情况的研究发现，深化地方金融改革、健全地方金融体系首先要把握的问题是"地方金融运行的规范化"。"规范"绝不能只是一味地加强监管和法治，金融自由是金融的天性，这种天性的重要表现就是对金融压抑的反抗、叛逆和救赎（王建国，1998）。显然，阳光是最好的消毒剂，在民间金融已成规模的现实下，不让它们获得合法地位，不让它们自由天性发挥出来，就无法进行实质的监管。所以，温州为规范民间金融活动出台了我国第一部民间借贷的地方法律——《温州市民间融资管理条例》及《温州市民间融资管理条例实施细则》等法规，在要求民间金融按市场机制运行的前提下，规定了民间金融机构的准入条件、业务范围、资金来源、借贷方式、风险防控等基本内容，以及民间借贷活动的契约、登记、备案、注销等程序，以保证民间金融市场运行有法可依，促进了民间金融业的规范发展，从而为经济发展提供稳定和安全的金融支撑。

（三）创新地方金融管理服务方式与监管机制

加强地方金融管理体制的法制化和规范化建设，针对不同类型金融机构建立不同标准的金融监管制度，探索针对中小银行、农村商业银行、小额贷款公司等新型金融机构的监管模式是金融机构各司其职、有序竞争的制度保障（姜宇，2021）。从温州经验来看，加强民间资本融资的监管机制，完善市场机制在民间融资中的法律制度缺陷和不足是必要且可行的。温州充分发挥地方政府金融工作部门的服务管理作用，与监管部门通力合作，共同完成对金融机构的监管。加强对民间金融、民营实体经济的信息服务平台建设，吸引社会资金流入地方金融服务业，通过民间金融的创新来促进金融业创新，降低金融风险，促进民间金融自主有序发展，是温州市进行金融改革来更好地支持实体经济又快又好发展的重要途径。

（四）打造信息综合服务平台重塑信用体系

由于银企信息不对称，信用体系建设尚不完善，工商、审计、税务、金融、公安、法院等各部门虽然掌握小微企业的信息，但是各部门之间的信息尚未实现共享，出现了"信息孤岛"问题，造成金融机构获取信息不畅，小微企业贷款的风险加大。海量信用信息的归集与整理，是社会信用体系建设的基础，也是实施守信激励、失信惩戒的前提（张远，2021）。温州走过金融风波，信用体系遭受破坏的教训非常深刻。近年来，为了建立一套具有温州特色的全民信用体系，温州市依托"信用+大数据"建设特色信用平台，围绕城乡居民、小微企业开展信用等级评价工作，加大政府公共信用信息共享力度，建立全市一体的信用信息综合服务平台，率先在信用信息数据方面打破了"数据孤岛"，实现全市范围内信用信息的共建共享共用。同时，加大金融知识教育普及力度，为营造诚实守信的良好社会风尚奠定了坚实基础。

第二节　常德市完善地方金融服务体系的经验借鉴

近年来，常德市在完善地方金融机构体系、充分发挥地方金融机构体系功能、很好地支持地方经济发展方面积累了丰富的经验，取得了可喜的成绩，在带动地方经济发展、实现地方政府经济发展目标、保障地方经济高质量发展方面做出了突出贡献，其做法和经验值得借鉴。

一、常德市地方经济发展概况

常德市位于湖南北部，洞庭湖西侧，史称"川黔咽喉，云贵门户"，是长江经济带、长江中游城市群、环洞庭湖生态经济圈的重要城市，头枕长江、腰缠二水（沅水、澧水），东靠洞庭湖，西连张家界。2020年末，常德市常住人口577.2万，总量在湖南省14个地州市中居第5位，常住人口人均GDP6.5万元，常住人口城镇化率为54.5%①。

常德在中国城市综合经济竞争力排第72位，其中，武陵区挺进全国百强区50强，桃源县跻身全省县域经济10强，综合发展实力居湖南省前列。2020年常德市实现地区生产总值3749.1亿元，同比增长3.9%，总量排名位居湖南省第3。其中，第一产业增加值464.6亿元，同比增长4.1%，对经济增长的贡献率为10.4%；第二产业增加值1543.7亿元，同比增长4.7%，对经济增长的贡献率为53.2%；第三产业增加值1740.8亿元，同比增长3.1%，对经济增长的贡献率为36.4%。全市一二三产业结构调整为12.4:41.2:46.4。地方一般公共预算收入达187.86亿元，进入全省前三，收入质量稳居全省前列。社会消费品零售总额接近1500亿元，是2015年的1.6倍。全市居民人均可支配收入达26274元，年均增长8.7%。这些惊人成绩的取得，离不开常德市地方金融服务体系的支持。

二、常德市地方金融服务体系的建设情况

截至2020年6月底，常德市各项存款余额为3570亿元，排在湖南省第4位，比年初新增268亿元，同比增长10.37%；各项贷款余额为2419亿元，排全省第3位，比年初新增316亿元；保费收入73.6亿元，同比增长9.78%。常德市金融体系包括3家管理机构（分别是中国人民银行常德市中心支行、银保监分局以及省农村信用社联合社常德办事处）和各类金融机构206家，其中，银行业金融机构30家、保险公司40家、证券公司14家、期货公司2家、小额贷款公司17家、融资性担保公司13家、典当行15家、风投机构75家，金融从业人员近5万人。基本形成了包括银行、保险、证券、小贷、担保、典当行等机构在内的多层次、广覆盖的金融服务体系，如表5-5所示。

---

① 资料来源：常德市统计局。

表 5-5 常德市金融机构体系的构成 单位：家

管理机构	银行业金融机构	保险公司	证券公司	期货公司	小额贷款公司	融资性担保公司	典当行
3	30	40	14	2	17	13	15

资料来自：常德市金融办。

常德市地方金融机构体系主要由农村商业银行、村镇银行和金融控股集团等机构组成，包括 7 家农村商业银行、6 家村镇银行、17 家小额贷款公司、13 家融资担保公司、15 家典当行及省内第一家地市级金融控股集团——财鑫金融控股集团有限责任公司。财鑫金控旗下控股 10 家子公司，参股 4 家以上企业，直接管理控制 2 家以上企业，成为省内地州市牌照最为完整的金融控股平台，如表 5-6 所示。

表 5-6 常德市地方性金融机构体系的构成

类型	具体机构
农村商业银行	常德农村商业银行、石门农村商业银行、澧县农村商业银行、临澧县农村商业银行、桃源县农村商业银行、汉寿县农村商业银行、津市农村商业银行
村镇银行	石门沪农商村镇银行、澧县沪农商村镇银行、临澧县沪农商村镇银行、湖南桃源湘淮村镇银行、湖南津市湘淮村镇银行、湖南汉寿星龙村镇银行
金融控股集团	常德财鑫金融控股有限责任公司及其子公司（常德财鑫融资担保、常德财科融资担保、常德双鑫小贷、常德沅澧产业投资控股有限公司、常德财鑫广场投资开发有限公司、常德西洞庭科技园区开发有限公司、常德财鑫私募股权基金管理有限公司、津市津鑫投资发展有限公司、湖南德鑫海博资产管理有限公司、常德产业发展基金投资有限公司）
小额贷款公司	常德双鑫小额、西洞庭鑫达小贷、柳叶湖汇丰小贷、信合小贷、益邦小贷、华丰小贷、鸿鑫小贷、天顺小贷、鑫源小贷、临澧鑫融小贷、汉寿县天融小贷、津市金源小贷、桃源县和兴小贷、湖南省中和农信小贷等
融资担保公司	常德财鑫融资担保、湖南德诚融资担保、常德市善德融资担保、常德融聚融资担保、常德财科融资担保、常德德如融资担保、湖南鼎盛融资担保、天安担保投资公司、汉寿实实在在投资担保、常德圣禹基业融资担保、常德美源融资担保、常德开春融资担保、桃源县惠民中小企业融资担保

续表

类型	具体机构
典当 公司/行	常德国鑫典当、常德财鑫典当、常德华盛典当、常德欣运典当、常德天翼典当、湖南德馨典当、常德燧人基业典当、金大地当铺、骏鑫典当、金鑫典当、汉寿今朝典当、银河典当、桃源县金鼎典当、湖南万丰佳和典当、津市市皓天典当

资料来源：企查查。

农村商业银行和村镇银行是常德市地方金融服务体系的主体，金融控股集团作为多牌照金融机构，能调度和整合区域金融资源，对提升地方金融行业竞争力发挥重要的支撑作用。此外，小额贷款公司、融资担保公司和典当行各自发挥拾遗补阙功能，使常德市基本形成机构多样、结构合理、高效运行的地方金融服务体系，合力发挥金融活水作用，促进常德市地方经济高质量发展。

（一）常德农村商业银行

自 2010 年以来，常德市农村信用社在各级政府部门及社会各界的支持下，顺利推进了不良资产清收、资产确权、股本募集、规范公司治理等一系列改革。2012 年 1 月，常德市首家农村商业银行——常德武陵农村商业银行股份有限公司经银监会批准挂牌开业，实现了常德市农村商业银行零的突破。2012 年至 2016 年 9 月，常德市先后有津市、临澧、石门、常德、汉寿、桃源、澧县、安乡 8 家农村商业银行挂牌开业。2016 年 9 月，安乡农村商业银行挂牌开业，标志着常德市 9 家农信社改制组建农商行工作全部完成。特别是 2016 年 3 月，由常德城区鼎城农村信用合作联社和常德武陵农村商业银行合并组建的常德农村商业银行股份有限公司挂牌开业，这是湖南省第二家由一行一社合并组建的市级农村商业银行，注册资金 10 亿元。

常德市农村信用社在向农村商业银行改制过程中，进一步明晰了产权关系，重塑了法人治理结构，以持续发展为经营理念，坚持"做小、做优、做精"的战略定位，瞄准"三农"、小微企业、创业创新群体、民生领域等金融服务薄弱环节，确保资金有效投放，增强了支农服务功能。目前，常德市农村商业银行系统存贷款总量位居全市银行业金融机构首位，网点及服务实现乡镇全覆盖，发放的涉农贷款、小微企业贷款占比均在80%以上。改制后的农村商业银行管理更规范、资产更优化、支农更有力、服务更到位，成为服务"三农"和小微的主力军，有力拉动了地方经济发展。

（二）常德财鑫金融控股集团

1. 基本情况

常德财鑫金融控股集团有限责任公司，简称"财鑫金控"，成立于2008年4月，是经常德市委、市政府批准在原"常德财鑫投融资担保集团有限公司"基础上改制，由常德市人民政府国有资产监督管理委员会、常德市城市建设投资集团有限公司、常德市交通建设投资集团有限公司、常德市文化旅游投资开发集团有限公司等共同出资组建的国有全资控股公司（见表5-7），注册资本40亿元，资信等级AA+。作为服务地方经济发展的龙头企业，财鑫金控金融业务种类齐全，涵盖融资担保、小额贷款、产业创业投资、基金管理、典当、民间投融资、项目建设、园区开发运营等，形成了地方金融控股集团基本框架，企业规模和实力位居常德市首位，也是湖南省地州市第一家地方金融控股平台。

表5-7　财鑫金控股东构成　　　　　　　　单位:%，万元

股东	出资比例	出资额度
常德市人民政府国有资产监督管理委员会	78.3333	117500
常德市城市建设投资集团有限公司	13.3333	20000
常德市交通建设投资集团有限公司	6.6667	10000
常德市文化旅游投资开发集团有限公司	1.6667	2500

资料来源：课题组于2020年8月前往常德财鑫金控调研整理而得。

经过多年成功的资本运作，财鑫金控先后通过股权受让、发起成立、投资参股等方式，加大产业整合和品牌管理力度，大力发展混合所有制，强化经营团队绩效考核和重视人力资源作用等，在优化母子公司管控机制和提高运营效率方面取得突出成就。获得4家信用评级机构AA+评级，公司的资本金实力、团队管理能力、业务能力、风险管控能力、创新发展能力等经营核

心指标获得市场的充分肯定。作为湖南省地州市第一家金融控股平台，财鑫金控勇当助推地方经济发展的排头兵，始终为实体经济发展保驾护航。

2. 常德财鑫金控的组织结构

常德财鑫金融控股集团以金融业作为主导行业，母公司以股权形式持有其他地方金融公司的控股权，并对控股子公司实施控制。这些控制权主要包括财务控制权、经营决策控制权、下属公司的人事任免权等。财鑫金控旗下拥有11家全资或控股子公司，参股湖南达晨财鑫创业投资有限公司、湖南德源高新创业投资有限公司、湖南农业信用担保有限责任公司、湖南阳光乳业股份有限公司等企业，管理控制常德三鑫产业促进有限公司和常德中小企业投资咨询中心2家企业，设有常德市融资担保信用协会（见图5-1）。各子公司独立经营、自负亏盈。集团金融业务种类齐全，形成了金融、实业投资两大业务主线并行，并向其他领域延伸的经营格局。

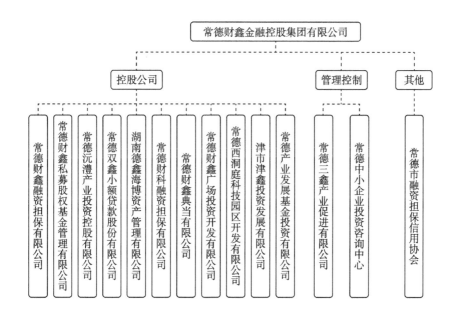

图5-1 常德财鑫金控的组织结构

财鑫金控参控股的金融资源（未包括非金融资源）分布如表5-8所示。

表5-8　常德财鑫金控参控股的金融资源分布情况　单位：亿元,%

公司名称	注册资本	持股情况	持股比例
常德财鑫融资担保有限公司	45.0	绝对控股	100.0
常德财科融资担保有限公司	3.0	绝对控股	99.0
常德沅澧产业投资控股有限公司	5.0	绝对控股	100.0
常德财鑫典当有限公司	0.2	绝对控股	80.0
常德财鑫广场投资开发有限公司	0.2	绝对控股	60.0
常德西洞庭科技园区开发有限公司	0.8	绝对控股	65.0
常德财鑫私募股权基金管理有限公司	0.1	绝对控股	80.0
津市津鑫投资发展有限公司	1.0	绝对控股	52.4
湖南德鑫海博资产管理有限公司	1.4	绝对控股	80.0
常德产业发展基金投资有限公司	20.0	绝对控股	75.0

资料来源：课题组于2020年8月前往常德财鑫金控调研整理而得。

3. 常德财鑫金融控股集团治理结构

财鑫金控具有完善的法人治理结构，公司董事会由8人组成，监事会由5人组成，经营管理层人员包括董事长、总经理、财务总监、风控总监、纪委书记各1名，副总经理2名。内部设有10个职能部门，包括办公室（工会）、人力资源部（党委办）、信息技术部、财务部、事业发展部、纪检监察室、内审法务部、银行协会、资产保全部、风险管理部（见图5-2）。公司始终致力于全面整合和利用当地金融资源，将公司打造成业务门类齐全、风控严密、治理完善、效益显著的地方金融控股集团，为推进新型工业化、产业转型升级和促进常德市经济又好又快发展服务。

4. 常德财鑫金控的发展成效

在经济转型发展阶段，中小微企业及"三农"主体因资产规模小、抵押担保物缺乏等问题，导致银行等传统金融机构收紧对其贷款发放，地方政府凭借强大行政资源组建跨金融业界的"全能型"金融控股公司可为当地经济

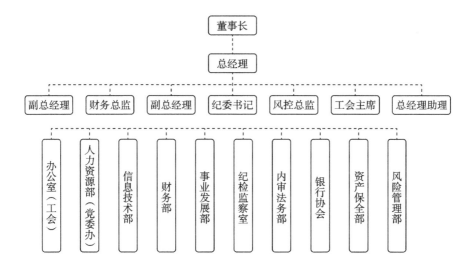

图 5-2 常德财鑫金控的治理结构

转型升级提供全面支持。金控集团的建立能很好地满足小微、"三农"等经营主体的金融服务需求，提供比银行更全面更多样化的金融服务。常德财鑫金控集团通过政府产业引导基金、私募股权基金、互联网金融产品等多种形式，多方募集社会资金，将资金与当地优质资产和项目对接，有效促进地方经济转型发展。同时，金控集团模式也是适应金融监管新变化的需要，金控模式的多牌照金融资源由平台集中掌控，有效避免监管重复、缺位，监管机构间协调不当等问题。

与一般地方性金融机构相比，财鑫金融控股集团在小额贷款、融资担保、证券、基金等领域设立子公司，向意向客户提供全方位"一站式"金融服务，建立"金融超市"概念的全金融产业链平台，构筑多元化的营利渠道，引导常德市社会资本投资当地创新创业产业，在促进传统产业转型升级、培育新兴产业发展以及缓解中小微企业融资难、融资贵等方面发挥了重要作用。成立 12 年来，财鑫金控按照"政策性资金、市场化运作、企业化管理"的经营模式，坚持服务地方经济发展初心，助力地方经济高质量发展，账面资产总额达 66.86 亿元，管理资产总额 196.41 亿元。截至 2020 年 8 月末，财鑫金控旗下财鑫担保公司、财科担保公司已与常德市、长沙市共24家银行形成长期稳定的合作关系，授信总额达258.9亿元，基本能达到"见保即贷"，在推进常德市产业转型升级、中小微企业创新发展、建设富饶美丽幸福新常德等方面做出了积极贡献。

（三）常德市小额贷款公司

小额贷款公司是中国在推进农村金融改革中创新的新型金融组织形式之一，根据中国银行业监督管理委员会、中国人民银行《关于小额贷款公司试点的指导意见》（银监发〔2008〕23号），小额贷款公司是由自然人、企业法人与其他社会组织依照《公司法》投资设立，不吸收公众存款、只经营小额贷款业务的有限责任公司或股份有限公司，由省级人民政府承担小额贷款公司风险处置责任并明确一个主管部门（金融办或相关机构）负责对小额贷款公司进行监督管理。作为国家放开民间资本金融管制的"拟制产品"，小额贷款公司肩负着收编民间金融与实现普惠金融的双重目标，在地方经济发展中起到有效配置金融资源、引导资金流向农村和欠发达地区、改善农村地区金融服务可得性及支农支小等作用。

截止到2020年6月末，湖南省小额贷款公司有211家，注册资本为190.24亿元，期末贷款余额为176.39亿元，利润总额为6231.67万元。其中，常德市经湖南省地方金融监督管理局授牌的小额贷款公司共17家，占全省小贷公司总数的8.5%，行业从业人员256人，小贷行业注册资本金达13.5亿元。作为中小企业的"源头""活水"，常德市小贷公司良好的信贷业务创新、风险控制机制保证了其一直呈稳健发展态势，在服务"三农"、中小微企业等方面取得了不错的成绩。2018年常德市小贷公司贷款余额为16.23亿元，年累计发放贷款29.12亿元，实现营业收入12079.58万元，利润总额为7612万元，上缴税收2953万元，为地方经济发展做出了很大贡献。常德市几家主要小贷公司基本情况如表5-9所示。

表 5-9　常德市主要几家小贷公司性质及规模　　　单位：万元

小贷公司	性质	注册资金
常德双鑫小额	国企	18000
西洞庭鑫达小贷	国企	10000
柳叶湖汇丰小贷	国企	5000
信合小贷	私营	5000
益邦小贷	私营	8000
天顺小贷	私营	5000
华丰小贷	私营	5000
汉寿县永丰华盛小贷	私营	5000
津市金源小贷	私营	6000

资料来源：企查查。

常德财鑫金控集团下的双鑫小额贷款股份有限公司，简称"双鑫小额"，是经湖南省人民政府金融办批准设立的常德市第一家国有资本控股的小额贷款公司，成立于 2009 年 12 月 7 日，注册资本 18000 万元，其中，财鑫担保公司占股 44.44%，主要为中小企业和个人提供法律法规及政策允许的小额贷款业务、财务咨询服务。截至 2020 年 6 月末，小额贷款总额为 86.85 亿元，在贷余额为 3.74 亿元，年均收入达 4000 万元以上。

公司立足常德，以"追求卓越、践行完美"为服务理念和"惠济民生"为经营宗旨，创新了多种信贷投放方式。在经营实践中，公司坚持"小额、分散"的原则，以市场为导向，致力于为中小微企业提供小额贷款服务，且业务产品准入门槛低，审批流程短，收费合理，方便快捷，深得客户的信赖。公司系全国优秀小额贷款公司、湖南省小额贷款公司协会常务副会长单位、湖南省小额贷款公司行业示范基地，先后被湖南省金融办授予"最具发展潜力奖""最佳社会贡献奖"，被中国小额信贷联席会授予"中国小微金融最佳社会贡献奖"。

（四）常德市融资担保公司

截至 2020 年 6 月底，常德市有 13 家融资担保公司。其中以财鑫融资担保有限公司、融聚融资担保有限公司、善德融资担保有限公司、德诚融资担保有限公司、桃源县惠民中小企业融资担保有限公司5家融资担保有限公司为主，占全市融资担保公司业务总量的50%以上。

鉴于在进一步拓展小微企业融资担保业务规模、降低小微企业融资担保费率水平、着力解决民营企业融资中有效担保不足方面的贡献，这5家公司2018年获中央财政小微企业融资担保业务降费奖补资金3027万元。其中，常德财鑫融资担保有限公司获得1651万元，是全省获国家奖补资金单项最高金额的融资担保公司。中央分配给湖南降费奖补资金共计8142万元，常德占37%，所获资金总数排名全省第一。

1. 常德财鑫融资担保有限公司

常德财鑫融资担保有限公司（以下简称财鑫担保）于2008年4月3日在常德市工商局行政管理局注册成立，由常德财鑫金融控股集团有限责任公司全额出资，为全资国有政策性担保机构。财鑫担保历经6次增资，注册资本由1亿元增加至45亿元，跻身担保行业"第1梯队"，单笔融资能力4.69亿元，主体信用等级为AA+，评级展望为稳定，合作银行22家，经营业绩与资产规模位居湖南省首位，全国排名居于前十，是财鑫金控的主导核心企业。

财鑫担保经营范围包括办理贷款担保、票据承兑担保等，公司内部设有综合部、财务部、风险管理部、资产管理部、担保一部、担保二部、担保三部7个职能部室；下辖澧县、安乡、桃源、鼎城、石门、汉寿6家分公司；下设有常德双鑫小额贷款股份有限公司，控制管理湖南达晨财鑫创业投资有限公司。

2. 常德财科融资担保有限公司

常德财科融资担保有限公司（以下简称财科担保）成立于2013年12月，由常德财鑫金控和常德三鑫产业促进有限公司共同出资组建，为全资国有担保机构。注册资本3亿元，合作银行4家，授信总额7.25亿元。业务范围包括在常德范围内办理贷款担保、票据承兑担保、贸易融资担保、项目融资担保、信用证担保、经监管部门批准的其他融资性担保、诉讼保全担保、投标担保、预付款担保、工程履约担保、尾付款如约偿付担保等履约担保业务，以及提供与担保业务有关的融资咨询、财务顾问等中介服务。财科担保是湖南省金融办批准设立的第一家专为科技型中小微企业和高新技术项目提供融资支持的政策性国有担保公司。

财科担保与长沙银行常德科技支行、常德农商行、华融湘江银行、石门农商行四家银行实行战略合作，并与合作银行、常德市科技局等建立4∶2∶4风险分担机制。财科担保充分承接财鑫金控在业务品种、风控机制、辐射能力等方面的优势，服务区域涵盖常德九个区县（市）、一个经济开发区、一个高新技术开发区和两个管理区。财科担保积极与地方金融部门深度融合，为常德市科技型中小微企业和高新技术项目提供优质、高效、便捷的融资服务，缓解了科技型中小微企业融资渠道少、融资难、融资贵、融资可得性低等问题，是中小微企业科技创新的孵化器、发展进程中的催化剂和市场经营的加速器，为支持常德市科技型企业做大做强做优发挥了重要作用。

（五）常德市典当行/公司

典当行/公司是主要以财物作为质押而有偿有期借贷融资的非银行类金融机构，典当行作为地方金融业的补充，是小微企业实现小额、短期、快速融资的渠道之一。截至2020年6月底，常德市有15家典当行，代表性的典当公司为常德财鑫典当有限公司。

常德财鑫典当有限公司成立于2014年10月10日，是经国家商务部批准设立、由常德财鑫金控和常德市交通建设投资有限公司联合发起组建的常德市首家国有典当公司。注册资本2000万元，财鑫金控出资1600万元，占股80%。截至2020年6月末，典当贷款总额6.05亿元，在当余额0.245亿元，年收入达3000万元以上。

公司以"合法诚信、规范严谨、安全保密、造福社会"为经营宗旨，致力于解决常德市中小微企业、"三农"及创业主体融资难题。业务范围包括动产质押典当、房地产抵押典当、财产权利质押典当、限额内绝当物品变卖、鉴定评价及咨询服务，以及商务部依法批准的其他典当业务。

三、常德市地方金融服务体系建设的经验启示

从常德市地方金融服务体系建设及其发展情况来看，我们可以得到以下启示：

（一）基于实体经济发展的现实需求来筹划地方金融服务体系建设

从常德市地方金融机构的发展状况来看，除了农业商业银行和村镇银行充当地方金融机构的主力军外，地方政府斥巨资全力组建湖南省首家金融控股集团，同时鼓励发展民营小贷公司、融资担保公司及典当行等，形成了一个充分竞争的金融市场环境，激励各金融机构为当地各经济主体量身定制金融产品，满足当地实体经济发展对金融服务的现实需求。这些应地方经济发展需求而产生和发展的地方金融机构，可以较好地适应当地经济主体规模小、个性化和特色化的特点以及地方经济发展水平和结构的实际情况，能够有效发挥其产权结构优势、低交易成本优势、市场效率优势、信息优势和经营灵活、适应性强的特点，特别是发展地方民营中小金融机构对解决民营企业金融服务需求具有重要意义。基于实体经济发展的现实需求来筹划地方金融服务体系建设是促使地方经济高质量发展的关键。不同类型的地方金融机构从当地实体经济发展的现实需求出发，以服务地方经济发展战略和产业政策为目标导向，不断优化与整合地方有限的金融资源，充分发挥金融业引导资源优化配置的功能，提高金融资源使用效率，为各经济主体提供可负担的、方便快捷的、全方位的金融服务，有效助力地方经济高质量发展，并实现了金融和经济发展的良性互动。

（二）注重金融机构的多样性和功能互补

常德市经济结构多元化和多层次化，农村经济发展也具有较强的地域性和层次性，决定了小微企业和农村经济主体对金融服务的需求也表现出较强的多样性特点，因此需要不同类型金融机构提供多样化的金融服务来满足地方实体经济发展的需要。而实现农村金融机构多样化的途径主要在于开放农村金融市场，建立多种类型金融机构并存，功能互补、协调运转的机制，打

破和消除垄断格局，防范和化解地方金融风险，真正形成基于充分竞争的多层次、多样化的地方金融机构体系，为保证地方经济的平稳健康发展提供金融支持。从常德市地方金融体系的结构来看，基本已经建成了一个由银行业金融机构、非银行业金融机构共同组成的多层次、广覆盖、适度竞争的地方金融服务体系，较好地满足了当地微观经济主体多层次、多样化的金融服务需求，更好地促进了当地实体经济的高质量发展。

（三）加强政府强有力的支持

不论是发达地区还是落后地区，其地方金融服务体系的建设和完善都得益于地方政府强有力的支持。各级政府不仅应出台地方金融服务体系发展的优惠扶持政策，还应直接出资支持各地方性金融机构的组建和发展，并制定严格的管理办法，以保证地方金融体系的稳健运行，为建立健全地方金融体系提供坚强后盾。如常德市金融控股集团就是由当地政府出面整合地方各类金融资源和金融牌照，并给予全力的财政资金支持的公司。借助地方政府力量，金控集团直接控制地方核心金融企业，有利于市委市政府经济发展战略意图的落实。另外，地方政府整合金控平台，有效提升国有金融机构的资本的水平，提高其实力和竞争力。但要特别注意，要想使地方金融服务体系良性发展，在建立地方金融服务体系时，必须要考虑当地实体经济发展的需求，引导类型丰富的金融机构的设立。常德市金融办在此方面做出了很多努力，为民营小贷公司、典当公司的发展创造了良好的条件和环境，使它们可以挺直腰板、放下包袱，把主要精力用在改善经营管理和业务能力提升上。当然，地方国有金融机构也只有在不被政府过度干预的情况下，才能树立起独立的金融人格，更好地发挥金融功能，自身也才能获得可持续发展。因此，在建设地方金融服务体系时，一方面要更好地发挥地方政府的宏观管理以及创造良好的经营环境的职能，另一方面要注重发挥市场的决定性作用，赋予各金融机构独立的经营权和决策权。

（四）加大综合性金融人才的培养和引进力度

随着金融科技的发展，地方金融机构要想在激烈的市场竞争中把握契机，谋求自身的可持续发展，培养和引进金融业从业人员的素质至关重要。各金融机构需要加大综合性人才的培养力度，大量引进各级各类人才，以适应金融业发展的新形势。因此，各地方金融机构要放眼省内外、国内外，积极引进海内外优秀金融人才，加大本地优秀金融人才的培养，夯实地方金融业发展的人才基础，为推进地方金融业可持续发展提供重要保障。

（五）通过组建金控集团来发展多样化的地方金融服务体系

通过组建常德财鑫金融控股集团来发展常德多样化的地方金融机构体系，对完善常德市地方金融服务体系有积极作用，促进了常德地方金融资源的统一管理、配置和运作，对常德地方经济发展起到了重要的支撑作用。成立地方性的金融控股集团，不但有利于地方政府集中管理地方金融资源，有利于金融资源在金融机构之间合理调度，整合和盘活区域金融资产，还有利于延长和优化金融产业链条，提高地方金融业的竞争力。然而，在不断洗牌的金融市场中如何规范经营和可持续发展也成为每个地方金融控股公司首要考虑的问题。为了规范金融控股公司行为，防范系统性金融风险，2020 年 9 月 11日，央行发布了《金融控股公司监督管理试行办法》，在原有基础上提高了对金融控股公司各方面的监管要求和设立标准。经济落后的张家界市要在短期内成立金融控股集团还比较困难，但常德市发展多样化的地方金融机构体系的思路和经验还是值得借鉴。

第三节　重庆市完善地方金融服务体系的经验借鉴

一、重庆市经济发展概况及其对金融服务的需求

重庆位于中国内陆西南部、长江上游地区，简称渝，地貌以丘陵、山地为主，其中山地占 76%，有"山城"之称。重庆市总面积 8.24 万平方千米，

辖 26 个区、12 个县/自治县，常住人口 3124.32 万。重庆是中国西南地区和长江上游地区的经济、金融、科创、航运和商贸物流中心，国家物流枢纽，西部大开发重要的战略支点、"一带一路"和长江经济带重要联结点，经济实力相对较强，大工业、大农业、大流通、大交通的特点突出，具有一批带动能力较强的支柱产业、优势行业和拳头产品。随着重庆市经济实力的不断提高和经济形势的变化，各阶层金融需求越来越丰富和强烈（魏建，2010）。自 2009 年成为中国西部地区唯一的直辖市，重庆市就明确了建设成长江上游地区金融中心的发展定位，经过十多年的发展与建设，重庆市地方金融发展成绩斐然。

目前，重庆市已成为西部法人金融机构最为齐全、数量最多的省份，外资金融机构数量、金融机构网点和从业人员密度居中西部前列，是西部地区重要的票据结算中心，票据市场、拆借市场和债券市场在中西部地区最活跃。从金融机构体系建设来看，重庆市在西部地区处于领先地位，银行、证券、保险业金融机构体系基本健全。特别是在"十三五"期间，重庆市新型农村金融机构、类金融机构、金融中介服务机构、金融服务外包等均得到较快发展，部分全国或区域功能性金融机构、多家银行总行的后台服务中心、资产管理中心、消费金融中心、国际业务运营中心等相继在重庆落户，不断丰富的金融机构体系，为整个西部地区提供了多样化、便捷化的金融服务。

二、重庆市地方金融服务体系的建设情况

近年来，重庆市金融业在聚焦服务实体经济、防控金融风险、深化金融供给侧结构性改革等方面取得了较好的成绩。重庆市加大对各类金融机构尤其是新型金融机构的引进和聚集力度，机构网点布局进一步下沉，村镇银行、小额贷款公司、融资担保公司、产业引导基金等各类新型金融机构极大活跃了重庆金融市场。据重庆市金融监管局统计，2020 年，重庆服务业增加值超过 1.3 万亿元，"十三五"期间年均增长 8%，占全市 GDP 的比重由 47.7% 上升至 52.8%；其中，金融业规模体量稳步提高，增加值超过 2200 亿元，

占 GDP 比重达 8.9%；业务总量快速增长，新增社会融资规模 8101 亿元，创历史新高，存贷比 97.8%；资产质量总体稳定，主要风险指标均低于全国的平均水平。

全市形成银行、保险、证券、基金、信托、消费金融及资产管理等全业态金融组织体系。其中，金融管理机构 3 家，分别是中国人民银行重庆市中心支行、银保监分局、农村信用社联合社；银行类金融机构共 101 家，包括政策性银行 3 家、大型商业银行 6 家、股份制商业银行 12 家、城市商业银行和民营银行 10 家、农村商业银行 6 家、外资银行 23 家、住房储蓄银行 1 家，以及新型农村金融机构 40 家（包括 38 家村镇银行、1 家资金互助社、1 家贷款公司），如表 5-10 所示。

表 5-10　重庆市银行业金融机构体系的构成　　　　单位：家

政策性银行	大型商业银行	股份制商业银行	城市商业银行和民营银行	农村商业银行	外资银行	住房储蓄银行	新型农村金融机构
3	6	12	10	6	23	1	40

资料来源：根据重庆市地方金融监督管理局公开数据整理得出。

据重庆市地方金融监督管理局公开数据整理，截至 2021 年 9 月，重庆市非银行类金融机构有 1924 家，包含小额贷款、融资担保、融资租赁、股权投资、财务公司、汽车金融、消费金融、移动金融等组织形态，其中，保险公司分支机构 849 家、证券公司及营业部 255 家、证券投资咨询公司 3 家、交易所 14 家、期货公司及营业部 37 家、私募基金管理机构 211 家、小贷公司 261 家、融资担保公司 109 家、信托公司 2 家、金融租赁公司 3 家、企业集团财务公司 4 家、汽车金融公司 1 家、消费金融公司 1 家、金融资产管理公司 4 家、典当公司 111 家、商业保理公司 59 家。基本形成了包括银行、保险、证券、小贷、担保、典当行等多种机构共存的多层次、广覆盖、功能齐全的金融服务体系，如表 5-11 所示。

表 5 - 11　重庆市非银行金融机构体系的构成　　　　　单位：家

保险公司分支机构	证券公司及营业部	证券投资咨询公司	交易所	期货公司及营业部	私募基金管理机构	小贷公司	融资担保公司
849	255	3	14	37	211	261	109
信托公司	金融租赁公司	企业集团财务公司	汽车金融公司	消费金融公司	金融资产管理公司	典当公司	商业保理公司
2	3	4	1	1	4	111	59

资料来源：根据重庆市地方金融监督管理局官方网站公布的数据整理得出。

（一）重庆市银行业发展情况

截至 2020 年底，重庆市辖内法人银行业金融机构和市级分行 101 家，从业人员 7.28 万，总量领跑中西部。重庆自贸试验区内共设立银行业金融机构（包括总行、一级分行、二级分行及以下营业网点）403 家，自贸试验区银行业资产、负债余额在全市银行业中占比超 80%。辖内首家台资银行富邦华一银行重庆分行开业，在渝外资银行分行数量位居中西部第一，机构聚集效应凸显。2020 年，全市银行业存贷比达 97.8%，高于全国平均水平 8.01 个百分点；全年新增贷款叠加认购政府债券共计占全市社会融资总量的 78.4%。新增贷款重点投向制造业、民营小微、"三农"、扶贫等关键领域。面对新冠肺炎疫情，累计纾困企业近 17 万家次，投放信贷资金 4269.82 亿元，帮助企业降低成本 9.67 亿元。

1. 本地法人代表性股份制银行机构——重庆银行

重庆银行成立于 1996 年，是西部和长江上游地区成立最早的地方性股份制商业银行。2013 年 11 月 6 日在港交所成功挂牌上市，成为全国城市商业银行中首家在港交所主板成功上市的内地城市商业银行。2021 年 2 月 5 日，成功登陆上交所主板，成为西部首家"A + H"上市城商行。重庆银行已逐渐发展成为一个业务结构优、资产质量好、盈利能力强、发展潜力大的商业银行。截至 2020 年 12 月 31 日，重庆银行资产总额为 5616.41 亿元，存款余额为 3145.00 亿元，贷款余额为 2832.27 亿元，实现净利润 45.66 亿元，不良贷款率、资本充足率等风险管理指标保持在行业较优水平，监管指标全面达标①。

近年来，重庆银行品牌形象全面提升，成为第一家在港交所定向增发的内地城商行，在零售业务、科技创新、数据治理等领域屡获奖项，连续 5 年跻身《银行家》全球前 300 强，在 2021 年全球银行品牌 500 强榜单中排第 206 位，排名上升 53 位，增速在全国上榜银行中排名第 2。连续 4 年获得标准普尔"BBB－/稳定/A－3"投资级评级，在国内 12 家城商行中处于领先水平，被中央文明委评为"全国文明单位"。截止到 2020 年 12 月 31 日，重庆银行下设 145 家分支机构，员工总数达 4401 人，内部组织架构和治理体系完善，网点覆盖重庆市所有区县，并先后在成都、贵阳、西安设立了分支行，如图 5－3 所示。

小微业务是重庆银行独具特色的品牌业务，专门成立了小微企业银行部（三农金融部）负责"三农"、小微金融业务。重庆银行始终深耕小微金融，致力做好普惠金融，高度聚焦小微企业中相对薄弱群体，充分满足小微企业和个体工商户的有效信贷需求。近年来，小微企业的贷款规模一直呈现上升趋势，截至 2019 年末，小微企业贷款余额为 798.67 亿元，同比增长 6.6%，客户数 4.37 万，同比增长 30.62%。重庆银行一直致力于创新小微信贷产品，已推出九个小微批量业务，"年审贷""房抵贷""创想贷""知识价值信用贷""商户诚信贷"等产品受到市场青睐和广泛好评。银行聚焦服务乡村振兴和精准扶贫，研发推广"新六产·助农贷""支困贷"等特色产品扩面增量，分别增长 39% 和 69%，贷款余额分别达 9.49 亿元和 1.59 亿元；支持农业供给侧结构性改革、产业融合发展等，助推农业与二三产业交叉融合的田园综合体、农旅综合体、现代农业产业园等现代农业产业发展，截至 2019 年末，涉农贷款余额为 310.13 亿元，增长 25.33 亿元，精准扶贫贷款余额为 23 亿元、同比增长近 80%。

---

① 资料来源：http://www.cqcbank.com/cn/jrch/chjj/chjjj/index.html。

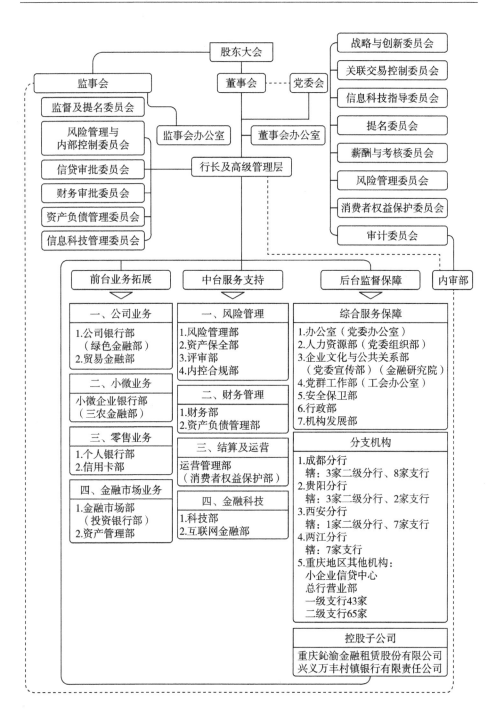

图 5-3　重庆银行组织架构

作为西部和长江上游地区成立最早的地方性股份制商业银行，重庆银行始终秉持"地方的银行、中小企业的银行、市民的银行"三大战略定位，积极助力区域经济建设，破解小微企业、民营企业"融资难、融资贵、融资慢"困境。大力支持脱贫攻坚与乡村振兴，持续履行社会责任，助推社会公益事业发展，不断增强社会认可度，提升企业品牌形象，凝聚成为推动重庆银行高质量发展的强大合力。

2. 本地代表性法人农村金融机构——重庆农村商业银行

重庆农村商业银行股份有限公司（以下简称重庆农商行）的前身为重庆市农村信用社，成立于 1951 年，至今已有 70 年历史。2003 年重庆成为全国首批农村信用社改革试点省市之一。2008 年，改制成为农村商业银行。2010年，成功在香港 H 股主板上市，成为全国首家上市农商行。2019 年 10 月，成功在上海证券交易所主板挂牌上市，成为全国首家 A + H 股上市农商行。2020 年 2 月，重庆农村商业银行正式采纳赤道原则，成为中西部首家"赤道银行"。

截至 2020 年末，重庆农商行下辖 6 家分行、35 家支行，共 1765 个营业机构，网点及服务实现乡镇全覆盖，并发起设立 1 家金融租赁公司、1 家理财公司、12 家村镇银行，从业人员 1.5 万余人。资产规模突破 11000 亿元，存款余额超过 7200 亿元，贷款余额超过 5000 亿元，成为全国首家万亿农商行、重庆首家万亿企业。2021 年 6 月，重庆农商行凭借在资产规模、市值等方面的综合优势，再次入选《福布斯》2021 年全球企业 2000 强，排第 761位，较 2020 年跃升 54 位，排名居全国农商行和西部银行首位。年度监管评级始终保持全国同类机构第一梯队，主体评级、债项评级为 AAA。

中小企业是推动地方经济转型和促进经济发展的重要力量，但"融资难、融资贵"问题一直是制约中小企业发展的重要因素（边文龙等，2017）。作为重庆市资产规模最大、服务网络最广、员工数量最多的地方金融机构，重庆农商行在缓解当地中小企业融资约束方面发挥了重要作用。重庆农商行着力实施"零售立行、科技兴行、人才强行"战略（见图 5 - 4），坚持高质量发展，坚持支农支小目标定位，各项业务实现稳健增长，综合实力稳居全国农商行首位，积极发挥金融服务实体经济发展的"主力军"作用，立足巴渝、辐射西南，积极助推成渝地区重要经济中心建设，有力地拉动了地方经济发展。

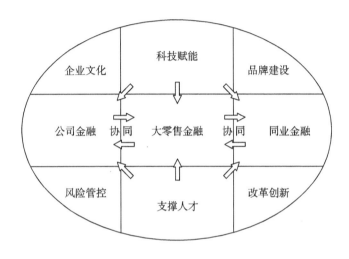

图 5-4　重庆农商行发展战略

战略一：零售立行。突出以客户为中心，打造标准化零售业务体系，强化客户分类管理和精准营销，将零售业务作为全行发展之基和立行之本，打造出特色鲜明、贡献突出、市场领先的零售业务品牌。2019 年，重庆农商行零售业务收入 99.29 亿元，在集团营业收入中占比 37.27%，连续三年位居集团营业收入首位。其中，零售业务以小微业务为鲜明特色，新冠肺炎疫情期间重庆农商行创新推出一系列小微"专属"业务，研发的"房快贷""票快贴"等小微线上信贷产品，不断优化完善个人经营性贷款"自助支用""自助续贷""随借随还"等功能。2019 年，重庆农商行小微企业贷款户为 12.37 万户，较 2018 年末增加 700 户；贷款余额为 651.95 亿元，较 2018 年末增加 88.15 亿元，高于全行各项贷款增速 1.35%，贷款户数和贷款余额分别占全市的29%和26%，居全市第一（重庆市地方金融监督管理局，2021）。

战略二：科技兴行。以打造数字农商行为目标，将金融科技作为全行创新"引擎"和发展动力。通过整合全行金融创新资源，在同类机构中率先成立金融科技创新中心，组建自主可控、智能高效、引领发展、具有全国影响力的金融科技平台。坚持核心技术自主掌控，申请语音识别、图像处理等专利近70项，人脸智能识别技术运用覆盖100%的网点，两项国家级金融科技应用和金融标准化项目纳入国家试点，成为首批唯一入选国家金融标准化技术委员会观察员单位的地方金融机构。全面上线"智慧银行"，研发推出"房快贷""票快贴""渝快贷""保e贷""拼拼存"等多款线上普惠金融产品，持续拓宽了金融服务渠道。截至2019年12月末，该行各类在线数据决策信贷产品累计发放金额超过230亿元，客户体验度不断提升。

战略三：人才强行。将人才作为全行核心资源和宝贵财富，致力打造优秀的人才团队，切实推动全行实现高质量发展。围绕"人才是第一资源"的用人理念，全力打造政治坚定、专业过硬、结构合理的优质人才队伍，加快引进和培育新型业务、风险管控、金融创新等方面的专业型、复合型人才，为可持续高质量发展提供坚强的人才保障。2020年，重庆农商行通过组建数据管理、应用研发等业务团队，实施"管理人才引领计划""专业人才开发计划""实用人才支持计划""人才素质提升计划""人才服务保障计划"五个计划，引进专业人才50余人，人员结构持续优化，科技人员和客户经理占比分别较年初增长0.4%和2.2%，助推全行转型发展。

（二）重庆市非银行业金融机构发展情况

重庆市坚持以金融服务实体经济为根本目标，加大对各类地方金融主体尤其是新型金融机构的引进和集聚，已形成以农村商业银行为引领，村镇银行、小额贷款公司、融资担保公司等各类新型金融机构为主体的多牌照、多层次、功能齐全的金融机构体系。其中，非银行金融机构主要包括小额贷款公司、融资担保公司、股权投资机构、财务公司、汽车金融公司、消费金融公司、移动金融公司等在内的13个门类，这些多牌照金融机构的引入与聚集，极大地活跃了重庆金融市场，进一步加快了各类金融机构的转型升级，有力推动了全市经济的平稳快速发展。

1. 本地法人代表性证券公司——西南证券

西南证券股份有限公司前身为 1988 年成立的重庆有价证券公司，是国内最早的 10 家证券公司之一。1999 年，原重庆有价证券公司、原重庆国际信托投资有限公司证券部、原重庆市证券公司和原重庆证券登记有限责任公司联合其他股东共同发起成立西南证券有限责任公司。2009 年，西南证券有限责任公司通过重庆长江水运股份有限公司重大资产重组及吸收合并在上海证券交易所上市，更名为西南证券股份有限公司（股票代码：600369. SH），成为中国第九家上市券商和重庆第一家上市金融机构。目前公司注册资本66.45 亿元，净资本 189.03 亿元，资产总额 791.88 亿元，净资产 250.79 亿元，是唯一一家注册地在重庆的全国综合性证券公司①。

截至 2019 年末，公司共有员工 2300 余名，在全国拥有 35 家分公司、86家证券营业部和 27 个投行业务部门，营业网点实现了覆盖 29 个省份并已布局重庆市所有区县。西南证券坚持"八项战略行动计划"，立足自身实际，坚持改革创新，聚焦券商主业和服务实体经济，经济效益显著，2019 年，公司实现营业收入 34.89 亿元，同比增长 27.14%；实现净利润 9.56 亿元，同比增长 384.14%。截止到 2019 年底，公司总资产为 658.51 亿元，净资产为195.58 亿元，母公司净资本为 145.66 亿元。

经过 30 多年的发展，西南证券逐步建立起全牌照、跨地域、多功能、一体化的综合经营模式。公司拥有西证股权投资有限公司、西证创新投资有限公司、西证国际投资有限公司、西南期货有限公司等全资子公司和重庆股份转让中心有限责任公司、银华基金管理股份有限公司及香港全牌照上市券商——西证国际证券股份有限公司三家参股或控股企业（见表 5 - 12）。公司主营业务为证券及期货经纪业务、投资银行业务、自营业务、资产管理业务。

---

① 资料来源：https://www.swsc.com.cn/html/goSwsc/introCom/。

表 5 – 12 西南证券子公司构成

子公司类型	子公司名称
全资子公司	西证股权投资有限公司 西证创新投资有限公司 西证国际投资有限公司 西南期货有限公司
参股或控股子公司	重庆股份转让中心有限责任公司 银华基金管理股份有限公司 西证国际证券股份有限公司

资料来源：企查查。

2. 新型农村金融机构——重庆永辉小额贷款有限公司

截至 2019 年底，重庆市小额贷款资产总额为 2016.80 亿元，小额贷款公司在营数量为 275 家，注册资本总额为 1079.88 亿元，累计发放贷款为 14150.59 亿元，贷款余额为 1584.06 元，不良贷款率 7.30%，实现净利润 42.11 亿元。

重庆永辉小额贷款有限公司（以下简称永辉小贷）是 A 股上市公司永辉超市于 2017 年 4 月全资设立的全国互联网小额贷款公司，总部位于重庆。永辉超市深耕零售供应链十余年，现已发展为以零售业为龙头，以现代物流为支撑，现代农业和食品工业为两翼，实业开发为基础的大型上市集团企业。2016 年 3 月，永辉超市在重庆成立永辉青禾商业保理（重庆）有限公司，2017 年 4 月成立重庆永辉小额贷款有限公司，注册资本 3 亿元。2018 年 1 月，以支持中小企业和"三农"发展为目标，通过对业务模式的不断迭代和升级，永辉小额贷款有限公司小贷业务突破 100 亿元。2019 年，永辉小贷营业收入超过 1.20 亿元，较 2018 年的 2776 万元增长 333%；实现利润总额 6202 亿元，较 2018 年的 520 万元增长 1092%。

基于永辉超市零售行业强大的数据积累和风控经验，永辉小贷定位于"供应链为基础的金融服务"，以产融结合的发展模式，致力于解决国内流通行业中零售业供应链上小微企业和涉农企业在发展过程中的金融服务需求。比如，永辉小贷借助永辉集团的客户端数据，为其上下游企业提供订单融资，实现资金的精准投放，解决产业链上小微企业和"三农"主体的融资需求，如图5-5所示。

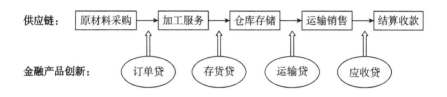

图5-5 重庆永辉小贷产业链金融产品

此外，针对实体产业链条上各个环节，永辉小贷同时开发了"发票贷"产品，拓展到零售行业以外的全行业企业的应收账款的融资需求。以标准的"发票贷"产品为核心，严格筛选优质客户，把控从生产到运输到销售的各个环节，提高资金的周转效率，并根据企业的年开票数据为其提供相应的贷款用于生产经营，满足企业的资金需求。

结合自身金融科技实力，永辉小贷利用科技手段和大数据开展互联网金融，围绕永辉生态，聚焦产业优势，面向品牌商、经销商、物业商、零售商和广大消费者，打造更加便捷和普惠的"一站式"金融服务平台，成为国内领先的食品生鲜行业金融服务商。

三、重庆市地方金融服务体系建设的经验启示

（一）地方政府及时出台政策完善和规范地方金融服务体系

金融服务体系在促进经济发展中的基础性地位使政府在改善金融服务质量、提升金融服务效率方面可以发挥积极的促进作用，尤其是地方性金融服务体系的发展很大程度上与地方政府的支持与引导有直接的正相关关系（李明贤，2003）。要促进地方性金融体制深化改革，健全金融体系，促进实体

经济的健康发展，必须要制定一套及时、有指导性、有可操作性的政策文件，更要督促各经济主体严格执行，为金融改革发展与实体经济良性发展提供良好的政策环境（吴振宇，2021）。近年来，重庆市普惠金融政策体系不断完善，以下列举 2019 年重庆市在支持实体经济健康发展、规范小额信贷、强化创新创业金融支持、激发民营企业经济活力与创造力等方面出台的具体政策文件，以说明重庆市在构建良好的金融生态环境、完善地方金融体系方面所做的努力，如表 5 - 13 所示。

表 5 - 13   2019 年重庆市金融业重要政策文件汇总

出台时间	政策文件	主要内容	目的
2019 年 1 月 2 日	《进一步支持实体经济企业健康发展若干政策措施》	①加大财政扶持力度；②加大金融支持力度；③降低企业成本；④优化企业发展环境	针对市内实体经济企业发展中的痛点、难点问题
2019 年 2 月 15 日	《关于开展运用大数据助推民营企业小微企业融资试点工作的通知》	①建设融资大数据服务平台；②加快数据汇集整理与考核；③强化数据安全；④推进融合创新；⑤加大融资政策支持；⑥健全协调机制	解决全市民营企业小微企业融资难、融资贵等问题
2019 年 8 月 2 日	《重庆市规范和完善扶贫小额信贷管理实施细则》	①贷款对象、额度、期限、用途及条件；②充分满足有效信贷需求；③分类指导；④续贷、展期及风险补偿；⑤尽职免责、贷后管理及工作要求	推动重庆市扶贫小额信贷规范健康发展
2019 年 8 月 7 日	《关于为高层次人才提供"人才贷"及相关金融服务的实施方案》	引导银行设"英才卡"，开展"人才贷"，为高层次人才综合授信，提供免抵押、免担保、基准利率的信贷产品及按揭购房、消费、创业投资等"一揽子"金融服务	提高服务重庆高层次人才的资金可得性和贷款审批效率，强化创新创业金融支持

续表

出台时间	政策文件	主要内容	目的
2019年8月31日	《关于加强金融服务民营企业的具体措施》	①加强政策引导，增加金融供给；②完善信息平台，做好配套措施；③建立长效机制，疏通融资堵点；④帮扶民营企业，优化营商环境	改善民营企业金融服务、扩大融资规模、提升融资效率，激发民营企业经济活力与创造力
2019年11月26日	《关于引导小额贷款公司降低贷款利率的通知》	①严守贷款利率管理红线，禁止变相提高贷款利率；②健全监管激励约束机制，助力降低实体经济融资成本；③鼓励创新经营开源节流，增强利率下行内生动力；④运用财税政策和风险缓释措施，助推贷款利率下降	推动全市小贷公司完善内部治理，规范贷款行为，降低贷款利率，履行社会责任，更好地服务实体经济
2019年12月31日	《关于进一步优化金融信贷营商环境的意见》	①加强金融信贷政策引导；②优化信贷流程；③降低金融信贷成本；④加大金融担保增信支持；⑤推进大数据金融服务；⑥健全金融信贷容错机制；⑦完善信用信息共享机制；⑧加强信用信息应用；⑨妥善审理金融类纠纷案件；⑩加强金融执法	10条具体措施补齐信贷服务短板，切实提升金融信贷服务质量与水平

（二）大力引进多业态、多层次的全牌照金融机构

为增强地方法人金融机构服务实体经济能力，重庆市大力支持各类市场主体在域内发起设立或参与组建法人金融机构。第一，积极探索推进地方金融控股集团组建和监管工作，支持具备条件的金融机构审慎稳妥开展综合经营，助推重庆建设成为长江上游金融中心。截至2021年9月底，重庆市纳入统计的有8家地方金融控股集团——重庆农村商业银行、重庆银行、重庆信托、三峡担保、安诚保险、大东方保险、西南证券、三峡银行，资产总额达2460亿元，地方金融控股体系已初步形成。第二，为进一步促进地方性金融多业态发展，重庆市在"十三五"期间大力支持设立更多财务、金融租赁、

消费金融、汽车金融、资产管理等非银行金融机构，支持证券、基金、期货经营机构申请交叉持牌，探索推进符合条件的非证券类金融机构在风险隔离基础上申请证券业务牌照。从重庆市当前金融机构体系的结构来看，基本已经形成由银行业金融机构、非银行业金融机构共同组成的，具有高度适应性、竞争力、普惠性的地方金融体系。不同类型金融服务业态之间职能清晰、分工明确，同类业务机构之间既相互竞争，又相互合作，有效服务实体经济主体。第三，积极落实银保监会关于扩大金融开放的政策要求，积极引进境内外各类金融机构在渝设立区域总部、后援中心和专营机构，实现多层次牌照经营。2019 年 11 月，辖内台资银行富邦华一银行重庆分行开业，增进了两岸经济金融的交流与合作。截止到 2019 年末，在渝外资银行共有营业机构23 家，分行 15 家、支行 8 家，另有外资银行代表处 1 家，重庆市外资银行保险机构数量在中西部保持领先优势，为客户进一步拓宽融资渠道、降低融资成本、优化债务结构、提升国际形象增添了力量。

（三）引导各类新型金融机构业务多样化，增强金融服务"三农"能力

通过增加市场竞争来激励传统农村金融机构向"三农"领域投放贷款，是强化乡村振兴金融投入保障的重要方式之一（马九杰等，2021）。重庆市坚持把改革、创新、开放贯穿于整个金融体系的构建当中，引进的金融机构包含村镇银行、小额贷款公司、融资担保公司、融资租赁公司、股权投资机构、财务公司、汽车金融公司、消费金融公司、移动金融公司等在内的 13 个门类，极大地活跃了整个金融市场。不同类型的小型金融机构在体制机制上更为灵活，为当地经济主体量身定制金融服务与产品，在不断优化与整合地方有限的金融资源的前提下，为中小微企业和"三农"主体提供差异化、高效率、小而精的特色金融服务，对地方经济发展更具有适应性（李广子等，2016）。完善农村金融多层次网络，引导新型农村金融机构坚持服务"三农"和小微企业市场定位，下沉小微业务、下沉资金，推动金融资源向"三农"倾斜，持续增强金融服务"三农"能力是重庆市的一贯坚守；与此同时，以大型商业银行为引领，积极发展普惠金融事业。2019 年 3 月，中国银行重庆

市分行在全辖有31家分支机构设立普惠金融事业部，配置专业人才，大力发展普惠金融业务，较好地满足了当地小微企业和"三农"主体等多样化的普惠金融服务需求，有效地促进了当地实体经济的高质量发展。

（四）依托金融科技手段，扎实推动金融机构改革创新发展

从金融创新程度来看，重庆市已获批开展一系列金融创新试点并取得新成效。第一，重庆市研究制定了以"四区两中心一基地"为主的金融改革创新试点方案，获六部委批复并实施，牵头十余市级单位，形成条块结合、上下联动的工作局面。第二，推进"金融业大数据服务中心"建设，着力降低金融机构获取政府数据门槛，提升金融服务中小微企业能力。一系列创新试点有效丰富和优化了金融政策供给，为切实推进贸易投资便利化、提升金融科技发展水平提供了有力支撑。第三，在人民银行、外汇局的支持下，重庆先后获批20余项外汇管理及跨境人民币业务创新试点，同时陆续获批开展金融科技应用试点、金融标准创新试点、金融科技创新监管试点、数字人民币应用试点等，国家金融科技认证中心也落户重庆。第四，在着力推进重庆金融中心建设期间，随着国家金融科技认证中心落户重庆，重庆市委市政府鼓励银行系金融科技的应用与推广，支持各类金融机构开展数字普惠金融、互联网消费金融创新，鼓励金融机构积极运用区块链、大数据、云计算、人工智能等新技术，为当地实体经济主体提供更精准、更快捷、更低成本的金融服务。

第六章 健全张家界市地方金融服务 体系的思路、原则及目标

第一节 健全张家界市地方金融服务体系的思路

近年来，我国中央政府一直强调金融支持实体经济发展。党的十九届四中全会明确提出"健全具有高度适应性、竞争力、普惠性的现代金融体系，有效防范化解金融风险"。2020年1月7日，国务院金融稳定发展委员会召开第十四次会议，提出要深化金融供给侧结构性改革，健全具有高度适应性、竞争力、普惠性的现代金融体系，这是中央决策层对当前金融供给侧结构性改革的一个方向性定调，也是对党的十九届四中全会相关精神的再度重申。

在中央政策的指引下，各地方政府部门纷纷出台了加快建设地方金融服务体系的相关政策措施。如2018年12月27日，湖南省地方金融监督管理局等五部门联合印发了《关于加快完善产业金融服务体系的实施意见》，指导湖南省建立健全地方金融服务体系。2020年湖南省地方金融监督管理局印发了《金融服务"三高四新"战略加快经济高质量发展的实施意见》（以下简称《实施意见》），《实施意见》提出要健全中小企业金融服务体系和补强农

村金融服务体系，通过构建地方金融服务"两个体系"来推动金融服务湖南省经济社会高质量发展。2021 年，湖南省人民政府办公厅印发了《湖南省金融服务"三高四新"战略若干政策措施》的通知，明确指出要不断完善城乡金融服务体系，加快湖南省普惠金融发展，为全省实施"三高四新"战略和推动经济社会高质量发展提供金融支撑。这一系列政策的出台，为湖南省构建结构合理、高效运行的地方金融服务体系，促使当地金融业的健康可持续发展，有效规范地方金融活动与金融行为，防范和化解地方金融风险谋好了局，对实现地方金融供给侧结构改革、激发当地市场主体活力、促进地方经济转型升级、实现地方经济高质量发展必将发挥重要作用。

张家界市政府要依据中央政府及湖南省政府的政策方针及相关精神，从张家界市现有的地方金融服务体系及金融资源的现状、各经济主体的金融服务需求等实际情况出发，以张家界市经济发展战略、张家界市"十四五"金融发展规划等为统领，并借鉴浙江省温州市、重庆市、湖南省常德市等其他地市在完善地方金融服务体系建设、带动地方经济高质量发展方面好的经验，遵循效率提升与金融普惠相结合、金融发展与经济增长相协调、妥善处理市场与政府之间关系、坚持机构和业务多元化和功能互补性等基本原则，构建规范有序、功能完善、多元化的张家界市地方金融服务体系，以此实现健全张家界市地方金融服务业可持续发展、促使张家界市金融体系功能的充分发挥和实现张家界市地方经济高质量发展与转型升级的目标。

第二节　健全张家界市地方金融服务体系需要遵循的基本原则

一、效率提升与金融普惠相结合的原则

地方金融服务体系中各商业性金融机构是理性的经济人，是追求利润最

大化的主体。健全的地方金融服务体系可以便利各金融机构通过市场手段实现资源优化配置，促进经济效率的不断提升。为此，金融机构在面向各经济主体提供金融服务时，往往更愿意为有合格抵押品、适合担保人的大型企业和优质客户提供信贷服务，而不太愿意为中小微企业、农户、低收入者等弱势群体提供信贷服务。同时，金融机构更愿意为效益较高的工业部门提供金融服务，而不愿意为效益较低的农业部门提供金融服务。但对张家界来讲，由于地方经济基础较弱，经济结构单一，经济主体实力不强，大部分是中小微企业、农户、低收入者等弱势群体。帮助弱势群体获得金融机构的价格合理、便捷安全的金融服务，不断提高金融服务的覆盖面、金融服务的可得性和金融服务满意度，以此实现金融普惠的目标，增进社会公平，助推地方经济转型升级和高质量发展，是完善张家界市地方金融服务体系首先要思考的问题。因此，健全张家界市地方金融服务体系要以效率提升与金融普惠相结合为原则。

二、金融发展与经济发展相协调的原则

健全张家界地方金融服务体系，可以促使张家界市的金融机构体系、金融产品体系、金融市场交易体系、金融监管体系、信用体系、融资担保体系等不断完善，进而促使张家界市金融业实现可持续发展。完善的金融服务体系具有调动和优化配置社会资源、防范和化解金融风险等功能，可以有效地降低交易成本和信息成本，促进资本聚集和技术创新，对当地经济发展具有较大的推动作用。

健全张家界市地方金融服务体系的根本目的在于促使张家界市经济实现增长和产业结构转型升级，从而实现虚拟经济和实体经济之间协调发展。需要注意的是，如果地方虚拟经济与实体经济发展失衡，会导致地方经济发展的内生动力不足，对当地经济平衡发展、社会财富合理分配以及实现共同富裕等带来危害。为此，必须扭转实体经济与虚拟经济之间的失衡问题，构建金融发展与经济发展之间的协调发展机制，通过地方金融业更好地服务地方

实体经济，实现金融发展促进地方实体经济持续健康发展。为此，健全张家界市地方金融服务体系要以金融发展与经济发展相协调为原则。

三、妥善处理市场与政府之间关系的原则

健全张家界市地方金融服务体系以妥善处理市场与政府之间关系为原则。健全张家界市地方金融服务体系，厘清市场与政府在健全金融服务体系中各自的边界，准确定位好市场与政府之间的关系，不仅要充分发挥市场的决定性作用，同时也要更好发挥政府的重要作用。

一方面，健全张家界市金融服务体系要充分发挥市场的决定性作用。我国经济体制改革的目标是建立社会主义市场经济体制。

市场经济是充分发挥市场在资源配置中的作用，通过市场调节手段发挥作用，并将资源配置到更有效率的领域（刘英，2017）。尊重市场经济规律，通过金融机构的准入与退出机制、金融产品的自由定价与配置机制等市场化手段来自动调节金融服务供给和需求，不断提高地方金融业发展的效率，避免政府对具体金融活动的过多干预，可以有效增强金融机构自身的活力，实现金融业可持续发展，提升张家界市地方金融服务体系的效率，增强张家界市经济运行可持续能力和经济平稳健康发展的能力。

另一方面，健全张家界市地方金融服务体系要更好地发挥政府的重要作用。基于张家界市金融资源规模较小、金融业发展相对滞后的现实，健全张家界市金融服务体系需要政府在金融改革、金融监管、金融发展政策、金融发展环境等方面着力，给予政策、财力等方面的支持，以便更好地发挥政府的作用。如利用政府财政资金更好地撬动金融资本和社会资本来促使地方经济发展，有效提升财政资金的使用效益，发挥财政资金的乘数效应。一是深化金融改革。政府往往是地方金融改革的规划者和实施者，政府制定健全地方金融服务体系的发展规划与发展目标，有利于当地金融服务体系的建设有章可循，切合实际。二是加强金融监管。政府通过拟定法律条例、规章制度来加强金融监管，规范地方金融机构行为，有效防范和化解地方金融风险，

促使地方金融服务体系的健康有序发展。三是制定金融发展扶持政策。政府制定金融发展扶持政策，可以有效引进和新增金融机构，实现金融结构优化和金融效率提升等，促使地方金融业可持续发展。四是改善金融发展环境。政府通过建设社会信用体系、搭建信息共享平台、开展政银企金融服务合作模式等方式来不断改善当地金融发展环境，为健全地方金融服务体系提供良好的条件。

四、坚持机构、业务多元化和功能互补性的原则

健全张家界市地方金融服务体系应坚持机构、业务多元化和功能互补性的原则。目前张家界市各经济主体日趋多元化和多层次化，决定了各经济主体对金融服务需求的多样性，因此，需要不同类型的金融机构为各经济主体提供多样化的、多层次的金融服务。构建一套符合张家界市经济发展实际和现代金融制度要求、机构种类齐全、结构丰富的多层次、多样性的地方金融服务体系，实现不同金融机构和金融业务的功能互补，可以更好地服务于张家界市经济实现高质量发展，防范和化解地方金融风险。

（一）金融机构的多样化和功能互补性

张家界市的主导产业是旅游业。为促使张家界市旅游业的发展壮大和高质量发展，不同类型、不同层次、不同环节的旅游企业有的需要商业银行提供贷款的间接融资方式融入资金，有的需要发行股票、债券等直接融资方式融入资金。同时，各旅游企业参差不齐，层次丰富，有少量的大型旅游企业以及上下游配套企业，如上市公司张家界（股票代码：000430），还有数量众多的中小旅游企业，这些不同层次的旅游企业往往需要与其规模、层次相适应的金融机构为其提供金融服务。特别是中小旅游企业难以获得大型商业银行的贷款支持，更需要当地的中小型商业银行利用地缘、人缘等优势为中小旅游企业提供关系型贷款，实现不同规模金融机构的功能互补。此外，有些旅游企业不仅需要银行机构的信贷资金支持，还需要小额贷款公司、融资担保公司、保理公司等不同金融机构提供其他配套金融服务，以实现不同金

融机构的功能互补。

（二）金融业务的多样化和功能互补性

张家界市的企业、农户等各经济主体对金融机构的金融服务需求有较大差异。各经济主体不仅需要金融机构的信贷服务，还需要储蓄、财务规划、投资理财、保险、保理、外汇兑换等多样化的金融服务。同时，不同的经济主体由于自身实力、资产规模、企业信用等级不一样，可能需要商业银行提供抵押担保贷款，或者无抵押、无担保的信用贷款。此外，农户、中小企业等弱势经济主体在获取金融机构信贷资金的过程中，由于缺乏合格的抵押品，往往还需要借助保险公司提供的保险服务或信用担保公司提供的信用担保服务来分散信贷资金的风险，实现金融机构和金融业务之间的功能互补。

第三节　健全张家界市地方金融服务体系的目标

更好地服务实体经济是我国金融改革发展的目标，地方金融业的发展也应以服务地方经济发展与转型升级为目标。为此，张家界市需要建立健全一个规范有序、功能完善、多元化的地方金融服务体系来满足当地各经济主体对金融服务的需求，与此同时，也要防范与化解地方金融风险，促使地方经济高质量发展。具体来讲，健全张家界市地方金融服务体系的目标是实现张家界市金融业可持续发展、促使张家界市金融体系功能的充分发挥和实现张家界市经济高质量发展与转型升级。

一、实现张家界市金融业可持续发展

当前张家界市经济结构日趋多元化和多层次化，决定了各经济主体对金融服务需求的多样性，需要不同类型的金融机构、不同种类的金融产品、不同层次的金融市场来满足多样化的金融服务需求。张家界市应继续深化当地金融供给侧结构性改革，对当前金融改革中的难点、堵点、痛点问题进行针对性破解，促进当地金融和经济之间良性互动和健康发展，实现张家界市金融业可持续发展。通过做大做强地方银行业机构，发展壮大融资担保业，设立产业引导基金，发展典当行，成立地方金融资产管理公司、信托投资公司、金融中介服务机构和融资租赁公司等，不断完善张家界市地方金融机构体系，促使张家界市金融机构发展壮大，并为各经济主体提供所需的金融服务。同时，鼓励张家界市优质企业合理利用资本市场公开发行股票、债券等筹措发展资金，加快当地产权交易中心建设，构建多层次的地方金融市场体系，促进当地金融市场发展。规范民间金融发展，民间金融是正规金融的有益补充，但如果民间金融运行不规范会造成巨大风险。为此，引导民间金融规范化、阳光化发展，让民间资本服务当地经济，可以防范与化解地方金融风险，促进张家界市金融业实现可持续、健康发展，实现张家界金融强市目标。

二、促使张家界市金融体系功能的充分发挥

张家界市地方金融服务体系可持续发展依赖于当地金融体系功能的充分发挥。要促使张家界市金融体系功能的充分发挥，需要不断丰富地方金融机构种类，形成金融机构和金融业务功能的互补，需要地方金融机构更加有效地为所有经济主体包括中小微企业、农户、低收入者等弱势群体提供金融服务，满足他们的金融服务需求，并在此基础上实现自身业务的扩张和财务的可持续发展。地方金融机构之间也要形成多种模式的有效合作与相互补充，增加金融服务的有效供给，着力解决民营经济和中小微企业融资难、融资贵、融资慢问题，实现中小微企业和"三农"贷款量增、面扩、费降，更好地服务地方经济发展和市委市政府战略目标意图的实现，并在此过程中互相配合，相互协作，更好促进业务的开展。同时，各金融机构要努力通过创新金融业务和金融产品、应用金融科技等手段来降低交易成本，提升金融服务效率，充分发挥地方金融服务体系的功能，以此更好地服务当地实体经济。

三、实现张家界市经济高质量发展与转型升级

　　健全张家界市金融服务体系，有效促使张家界市金融业可持续发展和实现金融体系功能充分发挥，通过金融资本带动更多的社会资本投资地方经济建设，发挥金融活水作用，满足地方经济发展的金融服务需求，提升地方金融服务实体经济的能力，实现金融强市。健全张家界市地方金融服务体系是从张家界市经济发展的实际需要出发，以服务地方经济发展战略为目标导向，不断优化与整合地方有限的金融资源，为各经济主体提供可负担的、方便快捷的、全方位的金融服务。完善张家界市地方金融机构体系，利用银行、保险、证券等机构为各类经济主体提供各种类型的金融服务。不断丰富地方金融产品和金融工具，发挥多种金融产品和金融工具的组合效应，通过银行信贷、融资租赁、担保、产业基金、债券、股权融资、信托、期货等多种金融工具及其组合的综合运用，对接不同类型经济主体多元化的金融服务需求，不断提升地方金融服务实体经济的能力和质量，充分发挥金融业引导资源优化配置的功能，提高金融资源的使用效率，助力地方经济高质量发展，并实现金融和经济发展之间的良性互动。

　　总之，构建健全的、高效率的张家界市地方金融服务体系，可以为张家界市各经济主体提供可负担的、多样化的、相适应的金融产品和服务，有效防范和化解当地金融风险，有力促进当地各经济主体发展壮大，实现张家界市经济的高质量发展。同时，张家界市经济高质量发展又会促使当地各经济主体增加对金融服务的需求，促使张家界市金融业的快速发展和地方金融服务体系的不断健全。

第七章 健全张家界市地方金融服务体系的重点任务和配套措施

第一节 健全张家界市地方金融服务体系的重点任务

依据金融发展理论、金融结构理论和有效市场理论，一国或一个地区金融业的可持续发展需要运用市场化手段，不断完善金融机构体系，优化金融结构，促使地方金融服务体系不断健全。目前我国正在实施金融供给侧结构性改革，根据现实中农户、中小微企业等弱势群体难以获得信贷资金的难题，提出要大力发展普惠金融，并鼓励金融机构运用金融科技手段来提高金融效率，降低金融交易成本。但由于金融业本身具有脆弱性，金融活动中可能会潜藏着金融风险，因此要加强对地方金融业的监管，防范和化解金融风险，实现金融业可持续发展。为此，健全张家界市地方金融服务体系的重点任务是不断完善金融机构体系、打造张家界市地方金融特色、加快金融科技的推广运用、加大金融招商引资与金融合作力度、加强地方金融监管，促使张家界市金融业可持续发展。

一、不断完善金融机构体系

通过做大做强地方银行业机构、发展壮大融资担保业、发展小额贷款公司、设立产业引导基金、成立地方金融资产管理公司、设立金融中介服务机构、发展典当行、成立地方控股的信托投资公司、组建融资租赁公司、引进与发展保险公司等，不断完善张家界市地方金融机构体系，整合张家界市各类金融资源，为张家界市各经济主体提供多样化、专业化的现代金融服务，满足各类经济主体对不同金融产品和服务的差异化需求，从而提高资金配置与利用效率，分散与化解金融风险。

（一）做大做强地方银行业机构

银行业机构是地方金融服务体系中最重要的组成部分。设置合理的银行业机构可以聚集社会上的各种闲散资金，并将资金配置到需要资金的企业、农户、农业经营主体等经济主体手中，把货币转化为资本，实现资金有效配置与合理使用；银行业金融机构还可以为各类经济主体提供储蓄、结算、理财、咨询等一系列金融服务，更好地满足各经济主体多样化的金融服务需求，增加居民财产性收入和提升生产经营能力，推动当地产业结构调整和转型升级，推进当地经济高质量发展。目前从银行机构来看，大型商业银行分支机构依然是张家界市银行业金融机构的主体，但这些大型商业银行在市县级的分支机构业务的审批权非常有限，往往需要上级行的审批才能提供金融服务，而由上级行确定的业务标准往往较高，难以适应张家界市这一贫困落后地区各经济主体的现实状况和差异化的金融服务需求。张家界市中小微银行（城市商业银行、村镇银行、农村商业银行）只有 6 家，且金融产品和服务创新能力有限，服务地方经济的能力还较弱。2016 年湖南省银监局提出实现"一县两行"的地方银行业发展目标，试图通过构建地方性中小微银行来服务当地经济发展，遏制资金外流现象。然而，目前张家界市仅有慈利县实现了"一县两行"的目标。

地方性中小微银行在服务"三农"、小微企业等经济主体方面有着地缘优势、信息优势、成本优势等，有利于满足当地各经济主体差异化的金融服务需求。地方性中小微银行拥有地缘优势，其业务范围往往具有一定的地域性，主要是为本地中小微企业、居民提供全方位、多层次的金融服务；中小微银行贴近地方企业，对企业经营能力、资信状况、信誉状况等比较了解，能够及时获取企业的金融服务需求信息，并依据金融需求情况创新金融产品和服务，提高当地经济主体金融产品和服务的可获得性和满意度。同时，中小微银行的层级结构较简单，决策链条较短，运作机制相对灵活，可以更快速、更便捷地满足各中小微企业的金融服务需求，具有为中小微企业提供金融服务成本低的优势。另外，地方性中小微银行在提供金融服务过程中，可以通过合理利用金融科技手段、创新信贷模式、实现贷款流程再造等来防控信贷风险，降低不良贷款率，达到监管部门对银行的不良贷款率、资本充足率等监管要求，为地方经济提供可持续的金融服务，推动地方经济快速发展。为此，需要继续根据地方经济发展实际，发展村镇银行、农村商业银行、城市商业银行、民营银行、互助合作银行等地方性中小微银行，有效增加本区域内的多样化、多层次的金融服务供给，激活金融资源，优化资金配置，实现"当地的钱留在当地""当地的资金用在当地"。

（二）发展壮大融资担保业

融资担保机构为各经济主体获得银行、小贷公司等机构的信贷资金提供担保增信服务，从而分散银行、小贷公司等机构的信贷业务风险，是完善地方金融服务体系、服务地方实体经济不可或缺的一部分。其中，政府性融资担保机构不以盈利为目的的准公共定位，可以有效弥补市场不足，引导更多金融资源支持中小微企业和"三农"发展。政府性融资担保机构主要为本区域内符合条件的创业主体及市政府重点扶持的小微企业和"三农"主体提供融资担保增信服务，在融资担保体系建设中发挥着龙头作用。做大做强张家界市融资担保业，进一步加强张家界市政府性融资担保机构与省投融资担保集团的合作，构建起上下贯通、市县一体、相对独立、相互衔接的省、市、县三级风险分担的政府性融资担保体系，对缓解小微企业、"三农"和创新创业企业融资难、融资贵问题将起到有力的支撑作用。

目前，张家界市融资担保机构有市融资担保集团（下辖两家全资子公司）和省农业信贷融资担保公司张家界分公司（以下简称省农信担）。其中，省农信担主要为全省"三农"融资提供担保服务，包括为农业生产及与农业生产直接相关的产业融合项目提供融资担保服务。市融资担保集团是经市委市政府批准，由市中小企业融资担保有限公司及张家界经济发展融资担保有限公司整合而成，成立于2018年12月，实缴资本6.5亿元，为国有独资的政策性担保机构。市融资担保集团通过打造"政银担企"四位一体的融资担保发展格局，整合融资担保资源，提高各经济主体信用，完善整个金融链条等，为全市中小微企业发展壮大与转型升级、"三农"发展以及培育特色、优势、支柱产业和战略性新兴产业发展提供融资担保服务，以此缓解中小微企业、"三农"等融资难、融资贵难题，防范与化解区域性系统性金融风险，发挥地方经济"稳定器"的重要作用，成效显著。

然而，随着市融资担保集团业务规模的不断增长，特别是自新冠肺炎疫情暴发以来，为了支持"六稳""六保"目标任务的实现，其业务规模快速扩张，风险隐患日益增多。尤其是大部分小微企业基础差、底子薄，抗风险能力先天不足，加上张家界市以旅游业为支柱的产业结构受新冠肺炎疫情的影响较大，使小微企业盈利能力受到冲击，坏账暴露风险增大，市融资担保集团为这些小微企业提供融资担保可能面临较为严重的代偿风险。同时，市融资担保集团的融资服务工具还较为单一，仅以融资担保一业为主，风险偏低的非融资担保业务拓展不够，再加上员工综合素质和能力还有待进一步提高，融资担保集团可持续发展后劲不足。政府对融资担保集团的扶持政策还没有完全到位，虽然这些年国务院及各部委出台了一系列扶持融资担保业发展的政策，但出于财政实力较弱等多方面原因，导致张家界市难以完全落实资本金补充、保费补贴、风险补偿等扶持政策。另外，融资担保集团的各项管理制度和业务操作技术规范性还有待加强，亟须构建一套完整严密的保前、保中和保后全过程风险管控制度并加强风险管控制度的执行力度。此外，张家界市还没有建立大数据中心，融资担保集团难以及时、低成本地依法查询与担保有关的客户信息，导致获取信息成本较高。

为此，需要继续发展与壮大市融资担保集团，将其做实做强为地方金融龙头企业，成为引领地方金融发展的主力军。一是由市政府组织相关部门牵头，争取尽快落实国办发〔2019〕6号文件、湘政办发〔2019〕64号文件等系列扶持政策性融资担保机构发展的政策，如"4321"风险分担、资本金补充、风险代偿补偿、保费补贴、业务奖补等，增强市融资担保集团的经营能力。二是要开发与创新一系列标准化新产品，提高产品质量；扩大担保业务覆盖范围，不断拓展风险较低的新业务，提高服务效率；继续与银行在风险分担、免收保证金、放大倍数、利率优惠等方面开展深度合作，更好地服务实体经济。三是市融资担保集团需要加强员工队伍技能教育培训，培养一支懂产业、懂风控技术的高素质复合型人才队伍。深化集团ISO9000质量管理体系认证工作，全面提升集团综合治理能力。四是市融资担保集团必须坚持底线思维，继续严抓风险管理与控制，把防风险摆在更加突出的位置，对重点关注项目、重点关注行业开展风险监测，实施保前、保中和保后全过程的风险管控，及时防范与化解代偿风险；要重视金融科技在业务开展中的运用，提高业务效率，降低业务成本和风险，提升担保能力。五是政府职能部门要建立大数据中心，为市融资担保集团依法查询与担保有关的客户信息提供便利，降低其信息获取的成本。

在发展壮大政策性融资担保机构的同时，对商业性融资担保机构也应一视同仁，鼓励商业性融资担保机构发展。商业性融资担保机构是以利润最大化和风险控制的原则运行，为中小企业、"三农"等主体的贷款提供融资担保服务，实现自负盈亏、自担风险。政府部门需要为商业性担保公司的发展创造良好的政策环境和市场条件，如借鉴上海市财政局、上海市金融办制定的《上海市商业性融资担保机构担保代偿损失风险补偿办法》，通过为商业性融资担保机构提供担保代偿损失风险补偿，鼓励商业性融资担保机构进一步支持和服务中小企业发展，提升融资担保体系的服务效率，充分发挥他们在竞争性领域的作用。

（三）发展小额贷款公司

与银行业金融机构贷款业务相比，小额贷款公司的贷款审批手续更为简单、审核时间更为灵活、抵押贷款品种更为多样，甚至可以发放信用贷款等，并通过合理提高利率水平来主动承担较高的贷款风险，通过监管资金流向来防控信贷风险，及时为众多中小企业"输血"，帮助中小微企业渡过资金短缺难关，促进中小企业发展壮大与转型升级。可见，小额贷款公司可以有效弥补银行业金融机构无法有效满足中小企业融资需求的缺陷，在一定程度上缓解了中小企业融资难、融资贵的问题，成为地方金融服务体系的"毛细血管"。组建小额贷款公司的资本金可以是民营资本，也可以是国有资本，多种所有制共同发展，各自分工协作，相互竞争和补充，以更好地发挥其服务地方经济发展的功能。

2021年3月，张家界市国鑫小额贷款公司正式成立。国鑫小额贷款公司属于国有小贷公司，其注册资本为1亿元。其中，张家界市交通建设投资集团有限公司出资5000万元，张家界经济开发区开发建设有限公司出资3000万元，张家界市经济发展投资集团有限公司出资2000万元，分别占股50%、30%和20%。国鑫小额贷款公司主要面向全市中小微企业提供灵活便捷的资金周转服务，以向市融资担保集团及其下属子公司担保客户提供短期资金过桥业务为主，审慎开展其他低风险短期资金借贷、财务咨询等业务为辅。国鑫小额贷款公司坚持经济效益与社会效益并重原则，利用国有资本优势，发挥其融资"杠杆"作用，引导社会资金流向政府鼓励的行业与产业，扶持中小微企业发展，助力各产业均衡、协调发展，可以在行业内梳理经营杠杆，形成小贷行业的良性竞争机制；有利于坚守监管政策"红线"，为政府监管小额贷款行业提供样本，促使整个小贷行业的健康发展。

另外，也要采取有效的激励措施提升民间资本设立小额贷款公司的意愿，发展民营小额贷款公司。目前全市其他3家小额贷款公司均为民间实业资本转型组建成立的。但由于当前经济下行压力大，当地产业规模较小，这3家小额贷款公司均出现业务萎缩、经营困难，经营状态低迷的困局，其经营风险有所上升，难以满足全市中小微企业的资金需求。为此，需要创造有利的外部经营环境来支持民营小额贷款公司发展。民营小额贷款公司要以市场为导向，坚持"小额分散"原则，以合理的资金价格为中小企业和个人提供灵活便捷的小额贷款业务、财务咨询业务等，有效控制信贷风险，逐步提高利润增长点，在帮助地方产业发展的同时获得自身的可持续发展。民营小额贷款公司也需要增强自身的业务能力，可以与金融科技平台等第三方合作，提升自身对借款主体的信用风险评价和决策能力，获得自身的可持续发展。

（四）设立产业引导基金

积极推进市政府产业引导基金的设立，建议采取"1＋n"的母子基金投资模式，以专业化的投资机构招商引资，更好地撬动金融和社会资本培育与扶持市委市政府重点发展的产业链条长、科技含量高、产品附加值高等战略性新兴产业和优势产业。建议政府产业引导基金的注册资本为1亿元，具体可以通过长沙银行的信贷资金方式筹集。根据当前长沙银行有意向为市经开区开发建设公司投放贷款4亿元的情况，其中1亿元的贷款资金可以考虑用于设立"张家界市产业引导基金"。产业引导基金作为母基金，可以考虑按照1:4或者1:5的比例与金融机构、社会资本共同设立若干子基金，重点面向张家界市特色、优势和支柱产业进行股权投资。子基金存续期限一般为7年，即投资期5年，退出期2年。通过"产业引导基金＋银行""产业引导基金＋上市公司产业链""产业引导基金＋特色园区"等方式，为促进张家界市实体经济发展壮大保驾护航。

（五）成立地方金融资产管理公司

地方金融资产管理公司是指允许各地区设立或授权地方设立的金融资产管理公司，参与本地区金融企业不良资产的批量收购和处置业务，开展企业债务重组等，以最大限度保全资产、减少损失为目标。地方金融资产管理公司可以在一定程度上有效化解本区域内不良金融资产，形成多元化的不良资产处置机制，不断提高不良资产处理效率。地方金融资产管理公司可以充当金融运行的缓冲器和调节器，成为地方金融服务体系的重要组成部分。

发展地方金融资产管理业，成立地方性、国有控股的金融资产管理公司，其优势在于：可以利用国有控股优势、搭建地方合作平台、构建市场合作网络等方式，集中、专业化地处理融资担保集团和地方其他金融机构经营过程中形成的不良金融资产，最大限度地回收资金、盘活金融资产；可以不断创新资产管理模式，将简单粗放的打包、打折、打官司等模式变成债转股、并购重组、不良资产证券化等创新型多元化模式，最大限度地提高不良资产处置的效率，打造不良资产的增值平台。同时，金融资产管理公司可以以专业化的服务，为金融企业化解不良资产、为问题企业缓解债务危机提供解决方案，充分发挥地方国有控股资产管理公司应对地方金融风险的缓冲器作用。

（六）设立金融中介服务机构

金融中介服务机构包括信用评级机构、会计师事务所、资产评估机构、产权交易中心、数据信息服务平台等，属于地方金融服务体系的基础设施，能够为地方金融机构开展业务提供中介服务，帮助各经济主体获得金融机构的金融服务。

信用评级机构是由专门的经济、财务、法律等专家人员组成，凭借专业力量收集、分析与整理各经济主体的财务情况、信用状况等信息，为授信机构和投资者提供经济主体的信用评级信息及服务。信用评级机构为各经济主体尤其是中小企业、农户等弱势群体提供信用评级，是金融中介服务机构的重要组成部分。商业银行根据信用评级机构的信用评级及资信状况进行是否发放信贷资金的决策，解决因信息不对称而导致的金融排斥问题，缓解各经济主体面临的融资约束难题。信用评级机构可以为商业银行面向各经济主体贷款时提供信用评级，实现信用评级机构与商业银行之间的业务功能互补，有利于健全地方金融服务体系。

会计师事务所是由具有一定会计专业水平、经考核取得证书的会计师组成，能接受经济主体的委托办理会计、审计、税务等业务的组织，是依法独立承担注册会计师业务的中介服务机构。会计师事务所为各经济主体提供会计审计中介服务，是金融中介服务机构的重要组成部分。商业银行根据会计师事务所出具的会计、审计意见决定是否发放信贷资金，能够缓解各经济主体面临的融资约束难题。会计师事务所为商业银行提供各经济主体的会计审计，帮助金融机构进行业务决策，实现金融功能互补，有利于健全地方金融服务体系。

资产评估机构是由专业人员依照法定程序，运用科学方法对企业资产进行价值评估，并为资产转移与交易提供参考的服务机构。产权交易中心是承担产权交易的场所及其主体，能够为企业产权交易提供公开价格信号及其他信息，能够发挥信息聚集、价格发现、中介服务等功能，能够有效简化产权交易手续，提高产权交易效率。资产评估机构为企业提供资产价值评估服务，是金融中介服务机构的重要组成部分。资产评估是企业股票公开发行的必要环节，可以促使企业顺利地从资本市场获得资金，有利于资本市场健康发展，从而健全地方金融服务体系。

数据信息服务平台是能够为个人和机构提供数据信息服务的平台。金融机构通过数字信息平台可以获得经济主体信息，有效降低金融机构与经济主体之间的信息不对称问题。数据信息服务平台是金融中介服务机构的重要组成部分。金融机构往往根据数据信息服务平台获取各经济主体的信息，并根据信息状况来做出是否为各经济主体提供金融服务的决策，从而降低银行服务企业的信息搜寻成本，提高金融服务效率，防范和化解金融风险，促使金融机构的业务发展和地方金融服务体系的不断健全。

（七）发展典当行

典当是指当户将其动产、财产权利、房地产等作为当物质押或抵押给典当公司，交付一定比例费用，取得当金，并在约定期限内支付当金利息、偿还当金、赎回当物的行为。典当公司能够解决经济主体临时性的比较紧迫的资金需求，其存在和发展有其充分的合理性。典当公司属于类金融机构，其抵押贷款业务非常广泛，且操作流程也非常便捷。为此，典当公司可以及时地满足中小微企业的临时性资金需求，能够在地方金融服务体系中发挥拾遗补阙、调剂资金余缺的重要作用，是地方金融服务体系的重要补充形式，是实现小额、短期、快速融资的重要渠道。

目前张家界市有 5 家典当公司，但经营状况不佳，服务当地经济力量有限。典当业在张家界市金融服务体系中总体上处于边缘和弱势地位，因此需要合理发展当地典当业，充分发挥典当公司在满足地方企业的融资需求、健全地方金融服务体系、服务地方经济中的重要作用。张家界市可以从建立国有控股的典当公司、培育与发展民营典当企业两方面来发展当地典当业。

1. 建立国有控股的典当公司

国有控股的典当公司建议由张家界市融资担保集团绝对控股，注册资本一般为 2000 万元。国有控股的典当公司依托自身严格的风险防控机制，加上国有资金的扶持，可以有效解决部分中小企业发展过程中融资难、担保难问题，增强其融资能力，拓宽融资渠道，并且有利于引导张家界市典当行业市场的建设和完善，促进当地典当行业健康发展。

2. 培育与发展民营典当企业

根据社会经济发展需求，支持民间资本和第三方服务机构在工业园区、小微企业创业园培育与发展一批民营典当企业，形成一批资金实力雄厚、竞争优势突出、业务模式领先的骨干企业。充分发挥民营典当企业"短、小、灵、快"的优势，补充银行机构和小贷行业的不足，解决中小微企业、"三农"及创业主体融资难题，提升中小微企业融资服务水平，满足实体经济多样化的融资需求。典当公司可以开展的业务主要有：房产典当融资、汽车典当融资、股票典当融资、民品典当融资（如珠宝、玉石、黄金、钻石、首饰、手表、奢侈品等）、艺术品（如古玩、字画、油画等）典当融资等。

（八）成立地方控股的信托投资公司

信托投资公司是一种以受托人的身份，代人理财的金融中介机构。信托投资公司以收取手续费、佣金为主要收入来源，主要业务为经营资金和财产委托管理、代理资产保管、经济咨询、证券发行以及投资等。信托投资公司最基本功能是财产管理功能，可以按照委托人要求或指定具体项目，发放贷款或进行投资活动。同时，信托投资公司可以为全市经济建设筹集资金，调剂资金供求，实现资金融通功能；也可以通过证券投资业务，实现社会投资功能；还可以为社会公益事业提供服务，促进共同富裕，是地方金融服务体系的重要组成部分。

成立地方控股的信托投资公司主要是"受人之托，代人理财"。地方控股的信托投资公司可以凭借自身的地缘、人缘等优势，准确把握当地客户深层次金融服务需求，创新信托产品，打造有别于其他金融机构的具有公司独特品牌优势的理财产品。针对银行、保险机构、基金公司等机构投资者开发和设计产品，重点瞄准县域经济、园区经济、大型基础设施建设、旅游经济等政府支持和鼓励的领域，投向市内重点项目及支柱产业、市政建设项目、以旅游业为核心的现代服务业等，还可以参与金融企业的股权投资及证券投资业务。当然，地方控股的信托投资公司需要强化金融风险控制，对零散项目进行合理组合，集中控制项目风险源，确保不出现项目兑付风险。

（九）组建融资租赁公司

融资租赁是指出租人根据承租人的请求，与第三方（供货商）订立供货合同，出租人出资向供货商购买承租人选定的设备，且出租人与承租人订立租赁合同，将设备出租给承租人，并收取一定租金的业务。融资租赁是集融资与融物、贸易与技术更新于一体的新型金融服务形式。由于融资与融物相结合的特点，出现问题时融资租赁公司可以回收、处理租赁物，因而在办理融资时对企业资信和担保的要求不高，非常适合中小企业融资。融资租赁公司可以让那些需要添置设备的中小企业只付少量资金就能够使用所需设备进行生产，可以有效破解中小企业资金不足的难题；同时还有利于中小企业开展资产管理和风险管理，有利于中小企业实现技术、设备的更新改造。

组建融资租赁公司，要求公司股东结构优良，有完善的内部治理结构。组建的融资租赁公司可以以张家界市为主要目标市场，业务范围可以涉及旅游业、政府基础设施、工业装备等多个行业领域，在传统的直接租赁、售后回租、转租赁等模式基础上，还可以积极开发租赁保理、福费廷等创新模式。

公司可以为各类经济主体提供融资租赁、经营性租赁、委托租赁、联合融资租赁、租赁资产管理（租赁财产的残值处理及维修、盘活存量、技术改造等）、租赁交易咨询和担保等多项融资租赁业务和其他增值服务，为市内各经济主体提供量身定制的一站式金融解决方案，服务地方实体经济。为此，政府部门需要研究、制定融资租赁领域的专项优惠扶持政策，为融资租赁业提供良好的发展环境；聚集融资租赁行业人才，提高融资租赁行业产品设计能力和租赁管理能力；支持融资租赁公司的组建及发展，并运用上市、发债、信托、基金等多元化的融资，发展壮大融资租赁业，增强其服务实体经济的能力。

（十）引进与发展保险公司

保险公司是采用公司组织形式的保险人经营保险业务。保险公司通过收取被保险人的保费，将保费所得资金投资于债券、股票、基金等资产，运用这些资产所得收入支付保单所确定的保险赔偿。保险业可以为社会各经济主体提供多层次的保障服务，在增强经济主体抵御风险的能力、建设社会信用体系、促进经济平稳运行等方面发挥着重要作用，成为金融体系和社会保障体系的重要组成部分，是被保险人进行风险防范和风险管理的手段。

目前张家界市共有保险公司 15 家，其中，财产险公司 9 家，寿险公司 6 家。引进与发展保险公司，不断推进张家界市保险行业健康发展，提高保险在当地金融业中的比重，发挥保险业在合理分散风险、优化金融资源配置等方面的作用，有利于保证张家界市地方经济的高质量发展。保险公司可以充分发挥专业化优势，切实为张家界市各经济主体通过保险方式来规避和分散风险，减少经济损失，为银行等金融机构服务当地企业发展提供有力的风险管理保障，也可以避免因病致贫、因灾返贫事件的发生，促进巩固脱贫攻坚成果与乡村振兴的有效衔接。为此，要提高中小微企业和农户等对参与投保的重视程度，同时加强对新兴保险消费市场的拓展，创新理赔服务，为客户提供多样化、个性化的保险增值服务，提高客户满意度，吸引客户主动投保。

二、打造张家界市地方金融特色

(一) 发展绿色金融

张家界市旅游资源丰富,全市以旅游立市、旅游兴市、旅游强市,旅游产业已成为全市的支柱产业。做大、做强张家界市旅游业,促进旅游业的高质量发展,需要良好的生态环境来支撑。张家界市的产业发展需要向生态、环保、节能等绿色行业转换,为旅游业发展奠定良好的生态基础。因此,张家界市产业项目的投融资、运营、风险管理等都需要考虑生态、考虑节能环保,需要绿色金融的大力支持。大力发展绿色金融,引导资金从高污染、高能耗行业流向生态环保、资源节约等绿色行业,引导各企业主体在生产过程中注重绿色环保,引导消费者形成绿色消费理念,才能促进环境保护及治理,实现绿水青山,实现旅游业、生态环保业等绿色产业的高质量发展。

然而,目前张家界市绿色金融发展不足,阻碍了绿色产业及相关企业的绿色转型发展。当前银行业在张家界市地方金融服体系中占据垄断地位,而国有大型银行又占据银行业的半壁江山。各银行机构尤其是国有大型商业银行针对生态、环保等相关企业和项目的绿色信贷产品缺乏创新,主要是以传统的抵押类贷款品种居多,信用类贷款品种较少。而生态、环保等绿色企业和项目往往前期投入较大,且普遍缺乏合适的抵押资产,导致各银行机构不太愿意为这些绿色企业及项目提供绿色信贷支持,且审核条件较严,耗费时间较长,融资效率较低。另外,全市资本市场发展缓慢,生态、环保等相关绿色企业和项目直接融资困难。目前大多数旅游企业、生态环保企业等多为中小企业,难以满足发行证券融资的条件,难以通过发行绿色证券从全国资本市场获得融资资金。张家界市也暂无股权交易中心,难以吸引其他地区的投资者为相关绿色企业提供有效的融资资金,无法满足庞大的融资需求。此外,目前张家界市风险投资资本较为匮乏,缺乏相关的运作经验,风险投资机制尚不健全,尤其是风险资本退出机制不成熟,缺乏适合的接盘方,这也限制了风险投资资本自身积累壮大。加上张家界市经济规模比较小,经济发展相对落后，也制约了外地风险投资资本的进入，阻碍了相关绿色企业和项目获得风险资本的投资支持，制约了绿色产业和项目做大做强。

通过大力发展绿色金融，满足张家界市绿色产业和项目发展的资金需求，可以破解绿色产业和项目发展资金不足问题，提升绿色产业发展水平，促进张家界市产业绿色可持续发展，并更好地带动旅游业的发展。未来张家界市要通过绿色金融来着重打造武陵源区的旅游品牌升级版和生态环保业等绿色产业发展，具体举措有：通过扶持中小银行发展，不断为中小企业提供优质的绿色金融产品，促进当地产业的绿色发展和传统产业的转型升级。同时，政府通过财政贴息、税收减免、旅游产业发展政策等鼓励大中型银行为企业提供绿色信贷。各银行业金融机构应积极创新信贷产品和服务方式，推出符合旅游企业、生态环保企业以及其他企业的设备和技术改造升级等绿色产业和绿色发展需求的特色绿色信贷产品，如小微绿色企业联保贷款，小额信用贷款，上下游产业联保等信用、担保贷款，质押贷款，动产质押贷款等。另外，鼓励绿色企业开展直接融资。鼓励证券公司、会计师事务所、律师事务所等中介机构联合辅导优质绿色企业和项目完善公司治理，健全财务体系，鼓励绿色企业积极上市。积极支持张家界市有条件的核心优质绿色企业和项目发行绿色债券或私募债券，实现融资方式多元化，并降低融资成本。进一步探索股权投资、开发信托基金、资产证券化、股权质押融资、认股权证等新型融资方式，优化资源配置，为绿色企业发展提供融资支持。可以考虑在张家界市建立股权交易中心，制定相应标准规范及支持政策，吸引更多的合格投资者。市政府应考虑出台奖励政策，适度提高奖励标准，降低准入门槛，鼓励相关绿色产业或绿色企业到股权交易中心挂牌交易。不断完善绿色产业风险投资机制，通过绿色产业风险投资基金或私募股权基金引进风险投资资本，引入国内或者境外战略投资者，促进张家界市绿色产业的发展壮大。

（二）发展普惠金融

张家界市属于典型的"老、少、边、穷、新"地区，农业特色产业有优势，小微经济主体多，是全市经济稳定发展的基石。然而，张家界市农业发展基础依然薄弱，农业生产抗风险能力不足，使"三农"、涉农小微企业等弱势群体难以获得金融机构提供的金融服务。为此，健全地方金融服务体系，张家界市需要树立普惠金融的理念，创新体制机制，下大力气满足中小微企业、"三农"等弱势群体的金融服务需求，发挥其强农固基作用。

1. 各金融机构要树立"普惠金融"理念

各金融机构要努力改善经营管理，进行金融产品和业务创新，运用金融科技手段解决中小微企业和"三农"主体融资面临的信息不对称、资金成本高、缺乏抵押担保品等难题，以可负担的价格为农户、中小微企业等弱势群体提供所需要的金融产品和服务，破解弱势群体面临的金融排斥难题，扩大普惠金融服务广度和深度，给予包括弱势群体在内的所有阶层平等地获得金融服务的机会，让他们分享到经济增长的成果，推动共同富裕目标的实现。同时，各金融机构不仅要为弱势群体提供信贷、结算、理财、保险等一系列普惠金融服务，还可以提供针对性强、层次多的金融政策与产品知识宣传、金融技能培训等金融教育活动，提高弱势群体的金融素养，增强其金融风险防范意识和获取金融服务的能力，促使弱势群体能够精准使用普惠金融服务。

2. 各金融机构应不断开发和创新普惠金融产品和服务

深入推动国有大型银行普惠金融事业部建设，大力发展地方性中小微金融机构，提升农村商业银行、村镇银行等地方法人金融机构服务地方经济的能力。金融机构应立足当地经济发展与实际需求积极开发和创新普惠金融产品和服务，满足农户、农民专业合作社、家庭农场、中小微企业等弱势群体多元化、差异化的金融服务需求。同时，鼓励各金融机构充分运用金融科技手段，通过互联网、人工智能、大数据、云计算等技术，推广与应用手机银行、网上银行等，不断探索创新金融服务模式，降低融资成本和门槛，为"三农"等弱势群体提供可触及的普惠金融服务，破解金融服务"最后一公里"难题，提高金融服务效率，提升地方金融机构体系服务实体经济的能力。

3. 培育与发展内生于张家界市经济发展需求的金融机构

从当前张家界市经济发展的实际出发，遵循金融业自身发展规律，立足"三农"服务需求和各经济主体广泛参与、循序渐进的原则，充分利用张家界市优良的自然和人文环境，促进银行机构、保险公司、小额贷款公司、融资担保公司、典当企业等地方法人金融机构和类金融机构的内生成长。这些内生的地方法人金融机构可以扎根当地，在长期经营过程中形成自身的社会网络，了解当地企业经营状况和企业主的个人信誉及信息，能够在满足中小微企业、农户等弱势群体金融服务需求的同时，提升自身的经营能力，能够不依靠政府财政补贴和税收优惠就能实现自身财务可持续目标和为弱势群体提供金融服务的社会目标的协调，带动企业的发展壮大与转型升级，帮助农户实现持续增收和长久致富的目标，进而实现张家界市经济高质量发展。为此，张家界市要在深入学习和贯彻省办公厅《关于促进地方法人金融机构加快发展的若干意见》的基础上，结合当地实际制定张家界市金融业发展的规划和发展路径、支持政策等，支持符合条件的各类市场主体在张家界市发起设立或参与组建地方法人金融机构。对亟须发展的地方商业银行、金融租赁公司、资产管理公司、小额贷款公司等金融机构，考虑由市财政对按注册资本一定比例一次性给予新牌照地方法人金融机构开办费补助。同时，出台地方法人金融机构和金融人才落户购地、购房或租房补贴等配套支持措施，为地方法人金融机构设立和发展营造良好的外部环境。

4. 政府扶持普惠金融发展

中央银行和地方政府部门应继续坚持和实施差别化存款准备金制度、落实县域存款一定比例用于当地贷款的考核政策、涉农信贷政策导向效果评估等激励约束政策来大力发展普惠金融，引导和鼓励各金融机构为张家界市"三农"提供普惠金融服务，发挥普惠金融助推巩固脱贫攻坚成果与实现乡村振兴有效衔接的支撑作用。同时，加快农村金融基础设施建设，不断优化农村金融生态环境、完善农村信用体系等，促使弱势群体更便捷地获取普惠金融服务。此外，加强弱势群体金融消费权益保护，防止由于金融服务供给主体的风险提示不足、金融欺诈等导致弱势群体遭遇各种金融侵害行为或纠纷事件，为弱势群体提供普惠金融服务创设有利的外部条件，促进普惠金融发展。

三、加快金融科技的推广运用

近年来，信息科学技术创新步伐不断加快，并迅速与金融业务深度融合，促使以大数据、云计算、人工智能和区块链等为代表的金融科技得到快速发展。金融科技利用互联网和移动终端平台从生活、交易等场景中获取客户尤其是长尾客户的消费、履约等行为信息，为客户精准画像，并形成庞大的信息数据库，有效缓解了信息不对称问题，降低了金融服务各项交易成本。同时，金融机构还可以利用金融科技开发网上银行、手机银行等便捷的金融服务平台或金融服务通道，有效突破地理位置和距离限制，提升触达及连接客户的能力，将更多金融服务空白区域的人群纳入金融服务体系，扩大金融服务的覆盖面，为客户提供精准的金融服务，提升金融服务的可获得性和有效性。另外，金融科技通过不断创新商业模式，融入互联网的平等、共享、开放等精神，变"经验依赖"为"数据依赖"，变"客户思维"为"用户思维"，以提升市场快速响应客户需求的能力。此外，金融科技还可以利用人脸识别等人工智能技术，有效识别并追踪违约客户，增加新的风险防控手段，降低信用违约风险，促进金融机构的可持续发展。

目前，张家界市重视金融科技的力量，鼓励金融机构和相关部门利用金融科技手段来实现金融弯道超车，引导金融更好地服务当地实体经济发展。各金融机构也纷纷增强金融科技应用能力，借助金融科技手段获得金融业务覆盖面的扩张和深度的加深，提高机构自身竞争能力，提升客户对数字化、网络化、智能化金融产品和服务的满意度。如慈利农村商业银行加快金融科技的实际应用，2017 年，该行投入科技创新资金 300 多万元，目前已与 11 家科技公司进行合作，开拓金融业务，以更低的成本服务客户，提高金融服务效率。慈利农商行通过科技力量将业务和服务下沉到农村，提高精准营销、风险识别、差异化风险定价等能力，惠及更多的农户、中小微企业。目前慈利农商行开发了视频会议系统、积分营销系统、绩效考核系统、微信医保缴费系统，福祥·薪易等项目，通过科技手段推动智慧金融门牌项目和产品，利用农商行人员优势，让客户经理实地走访农户家庭采集农户信息，并对农户进行授信评级，让农户可以更便捷地获得信贷支持。

然而，目前张家界市金融机构金融科技的实际应用主要还停留在基础设施层面，云计算、大数据、分布式数据库等能够促进金融机构业务跨越式发展的深层次金融科技创新运用还不多。同时，金融科技的实际应用还存在门槛问题，当地经济发展水平、基础设施状况、客户的行为习惯等均阻碍了金融科技的进一步推广。尤其是农村地区经济发展相对滞后、互联网基础设施条件差，农户的智能手机、电脑等电子产品拥有量少，导致偏远农村地区农户难以正常使用移动支付、电子银行等产品。同时，农户由于长期被现代金融服务排除在外，对数字技术、金融科技等新概念和新模式认知度不高，对金融科技不了解、不信任或不愿使用，易形成"自我排斥"问题。农户依然偏爱面对面交流的传统金融服务，很少通过手机和电脑申请金融服务，很容易面临"数字鸿沟"和"知识鸿沟"，数字金融服务的可得性难以有效提高，使金融科技在农村地区发展缓慢，甚至在部分偏远农村贫困地区处于空白状态。

为此，需要进一步加快数字金融基础设施建设，夯实金融科技实际运用的基础条件。一是各金融机构需要加强金融科技战略部署，强化金融科技合理应用，规范关键共性技术的选型、能力建设、应用场景、安全管控等，全面提升金融科技的应用水平。金融机构要通过合理运用金融科技手段来不断丰富金融服务渠道、完善金融产品供给、降低金融服务成本、强化融资服务，提升金融服务的质量与效率。二是各金融机构要结合大数据、云计算、人工智能等金融科技手段，增强金融风险技防能力和强化金融科技监管，正确处理创新与风险的关系，运用金融科技提升金融风险的识别、防控、动态检测、实时预警和处置机制，构建具有地区特色的金融风险评估和管理系统。同时，金融机构要加强网络安全风险管控和金融信息保护，做好新技术应用风险防范。三是加强农户对金融科技、互联网金融等的了解，提高农户数字金融素养，填补"数字鸿沟"，提高数字金融服务的可得性，有效提升金融科技在农村地区的实际应用效果。四是加强金融科技人才队伍建设。金融科技人才是金融机构的骨干力量，是张家界市未来金融业可持续发展的原动力。优秀的金融科技人才可以促使金融机构开展金融业务流程创新、金融产品服务创新和营销创新等，有利于推动当地金融业发展。同时，优秀的金融人才还可以精准识别、及时防范和有效管控区域内金融风险事件，推动地方金融服务体系的建设。一方面，大力引进金融科技人才。鼓励各有关部门和金融机构通过优秀人才计划、优厚待遇等方式吸引优秀金融科技人才到张家界市各金融机构及相关部门工作。同时从高等院校应届毕业生中选拔一批可塑性强、有发展潜力的后备金融科技人才到金融行业和相关部门工作。另一方面，加强对本地金融科技人才的培育。高度重视张家界市金融科技人才的培育工作，保障培训资金充足有效，持续实施金融科技人才培训工程，构建较为完善的学习培训体系，支持本地金融人才继续深造、外出培训、实践锻炼等，鼓励本地金融人才"干中学、学中干"，提高本地金融人才运用金融科技的水平和能力。此外，各金融机构要加强与高校、科研机构在金融科技人才培养方面的合作，提高对金融科技人才重要性认识的广度与深度，不断丰富员工培训内容与形式，突出培养造就高层次的金融科技人才，大力开发急需的紧缺人才，统筹推进不同层次金融科技人才队伍建设。

四、加大金融招商引资与金融合作力度

"经济发展，金融先行"。张家界市应通过不断发展张家界市金融业，健全地方金融服务体系，进而带动张家界市经济高质量发展。发展张家界市金融业，健全地方金融服务体系，张家界市需要加强与国内外优秀金融机构的交流和合作、与湖南省财信金控集团的合作、与其他地市金融机构和相关部门合作与交流等，学习其他地方金融体系服务地方实体经济的经验，建立起

完善的地方金融服务体系。

（一）加强与国内外优秀金融机构的交流和合作

张家界市可以通过与国内外优秀金融机构加强交流和合作，向他们介绍和推荐张家界市有发展潜力的企业或公司，邀请他们到张家界市考察，争取他们来张家界市设立分支机构和投资，丰富张家界市企业融资渠道和金融服务方式，解决实体企业融资难题，帮助企业转型升级和实现绿色发展。

（二）加强与湖南省财信金控集团的合作

湖南省财信金控集团是湖南省唯一的省级地方金融控股公司，旗下拥有信托、证券、寿险、银行、资产管理、基金、期货、联交所、股交所、金交中心、保险代理、典当、担保、小贷14张金融牌照。在张家界市地方金融服务体系建设的过程中，可以通过湖南省财信金控集团的控股或入股方式来不断补充张家界市地方金融机构的牌照，丰富地方金融机构类型和业务，通过担保、小贷、基金、资产管理等多种金融工具的组合运用，发挥多种金融工具组合效应，不断提升金融服务实体经济的能力和质量，更好地满足地方经济主体多样化的金融服务需求。

（三）加强与其他地市金融机构和相关部门的合作与交流

张家界市通过加强与其他地市金融机构与相关部门的合作与交流，学习他们在完善地方金融服务体系、带动地方经济发展等方面的经验，吸取他们的教训，用于指导张家界市地方金融体系建设，不断健全张家界市地方金融服务体系，为地方各经济主体提供"一站式"、多样化的金融产品和服务，不断延伸金融服务产业链条，实现"金融服务—产业发展—增强盈利能力—新的金融服务……"的良性循环，最终实现金融和产业融合发展，形成良好的区域金融生态环境，增强地区金融体系的活力。

五、加强地方金融监管

加强地方金融监管，构建地方金融监管体系，是完善地方金融服务体系的重要内容。地方金融监管当局可以通过金融机构加强内部自我监管、金融监管当局对金融机构的监管、外部审计机构对金融机构的审计监管、行业协会对行业的自律监管等方式，运用现代监管科技手段，有效提高地方金融风险防控与监管水平，防范与化解地方金融风险，保障地方金融业健康稳定发展，为地方经济的高质量发展提供重要保障。

（一）金融机构加强内部自我监管

金融机构往往会成立机构内部的金融风险管理部门或审计部门，运用金融风险防范技术，加强金融机构内部自我监管，提升金融机构业绩水平和防范其经营风险。实践中，有许多地方金融机构往往会根据机构内部监管或审计结果和业务发展情况来调整未来经营政策和监管政策，实现金融机构业务的可持续发展。随着金融科技在金融机构中的广泛应用，一些金融机构凭借互联网、大数据、人工智能等数字技术实施金融科技监管，保证金融机构内部运营的合规性，更好适应金融监管当局的要求，有效降低金融机构的风险。需要注意的是，金融机构的科技监管要高度重视市场的力量，通过市场力量来达到合规监管目的。

（二）金融监管当局对金融机构的监管

中国人民银行、银保监会、证监会、地方金融监管局等金融监管当局对金融机构要加强日常监管，保证地方金融机构财务的稳健性和经营的合规性，减少金融体系的信息不对称和不完善，降低金融业风险和提高金融效率，以稳定金融市场。同时，金融监管当局还可以与金融行业协会合作，帮助金融行业对金融风险进行自我防范和化解，精准分析金融风险的类型、传导机制和路径；研究防范和化解金融风险的方法，抑制金融风险的产生和扩散。鉴于目前金融监管当局使用监管科技相对滞后，金融监管当局要将金融科技监管纳入到现有的金融监管框架当中，充分运用金融科技手段来加强金融监管，强化监管科技的实践应用，通过监管科技来有效提高金融风险的监控效果，提升金融风险的甄别、防范和化解能力。如银保监会运用金融科技不断完善金融风险全覆盖的监管框架，依法将所有金融活动纳入统一的监管范围。此外，张家界市金融办、市人民银行、市银保监局等地方金融监管部门也要充分发挥对金融机构的审批、监管、风险防控等方面的作用，制定地方金融监管制度，并根据当地实际情况对金融机构实施差异化的监管。

（三）外部审计机构对金融机构的审计监管

外部审计机构往往是接受金融机构委托，对金融机构进行外部审计的机构，一般是由会计师事务所承担。外部审计机构依据对金融机构的财务信息、业务经营状况等进行评估，真实反映出金融机构的运营状况，有助于帮助地方政府部门和金融监管当局准确掌握金融机构的实际经营水平和风险水平，并及时防范和控制地方金融风险。为此，应充分发挥外部审计机构对金融机构监管的补充作用，采用定期和不定期相结合的方式，对地方金融机构进行审计，促进金融机构的稳健经营。

（四）行业协会对行业的自律监管

我国先后成立了中国证券业协会（1991 年）、中国银行业协会（2000年）、中国保险业协会（2001 年）、中国证券投资基金业协会（2012 年）等金融行业协会。这些金融行业协会通过制定与落实行业标准，建设行业风险信息公共系统，为证券机构、银行、保险机构、基金公司等各成员金融机构提供业务指导、培训等服务，并对金融行业实施自律监管。行业协会可以促进金融行业自律与规范发展，提高金融机构的经营管理水平，维护金融业合法权益，促进金融行业的有序竞争和健康发展。可考虑由张家界市金融办牵头，召集张家界市各金融机构积极参与，共同成立张家界市金融行业协会。张家界市金融行业协会牵头制定行业自律公约，引导会员金融机构公平竞争，营造有序的市场竞争环境，促进当地金融行业健康发展。同时，通过市行业协会积极搭建信息交流服务平台，共同协商解决金融行业发展中的重点、热点、难点、堵点问题。此外，市行业协会还应发挥纽带作用，促进当地金融机构加强与政府部门、中小企业等之间的合作，引导金融机构加大对地方实体经济的支持力度，共同扩展小微金融服务渠道，缓解中小微企业、"三农"等各经济主体的融资难题，并提升地方金融风险的预警、防控和应对能力，促进当地金融业实现高质量发展。

第二节　健全张家界市地方金融
服务体系的配套措施

建设地方金融服务体系不仅需要发挥市场的决定性作用，更需要发挥政府的作用，通过完善政府相关制度和政策、法规等，提升政府行使职责的规范性和法治化水平，促进当地金融业的高质量发展。如政府通过制定财税金融扶持政策、制定金融法律制度和规章条例，可以促进地方金融业规范发展和地方金融服务体系不断完善。政府通过财政资金的杠杆作用，可以引导金融资本、社会资金投入到产业发展当中，支持当地实体经济发展，为当地金融业高质量发展奠定良好的基础。此外，政府通过构建各部门间的合作与协调机制、推进社会信用体系建设、搭建信息服务共享平台、提高各经济主体的金融素养等措施，构建张家界市地方金融业健康发展的长效机制，促进张家界市地方金融服务体系的不断健全。

一、制定财税金融扶持政策

张家界市委、市政府要充分认识健全地方金融服务体系对地方经济发展的重要作用，并制定财税金融扶持政策来不断健全张家界市金融服务体系。张家界市政府要用足用好西部大开发、武陵山集中连片扶贫开发脱贫不脱政策等国家层面对张家界市金融的扶持政策，以及充分运用湖南省政府扶持张家界金融服务体系的省级层面的优惠扶持政策，并在此基础上制定出台加快地方金融服务体系建设的财税金融扶持政策，促进张家界市金融业高质量发展。

（一）制定相关财税扶持政策

通过财政补贴、税收减免、贷款贴息等方式来扶持与鼓励地方性中小银行、小额贷款公司等的设立和发展；设立产业引导基金、地方性金融资产管理公司、地方性信托投资公司、融资租赁公司等非银行金融机构，大力发展信用评级机构、资产评估机构、产权交易中心等配套金融中介服务机构。如利用政府财政资金并整合由其带来的社会资本，设立普惠金融发展专项资金，给予为中小微企业、"三农"等长尾客户放贷的地方金融机构相应的税收优惠政策，扶持地方金融机构的发展。同时，建立财税政策的正向激励机制，如对那些服务小微企业和"三农"主体户数占比大的地方金融机构可以给予税收减免、降低法定存款准备金率、提高财政贴息比例等激励措施，促进当地金融机构的稳健经营和可持续发展。

（二）制定相关金融扶持政策

发挥金融扶持政策在引导当地金融机构将信贷资金投向中小微企业、"三农"、绿色企业和项目等的作用，促进当地绿色金融和普惠金融发展水平提升。中国人民银行综合运用差别化存款准备金率、再贷款、再贴现等货币信贷政策工具，降低服务中小企业、"三农"的当地金融机构的运营成本，提高长尾客户金融服务的可得性。如中国人民银行张家界市中心支行大力推进实施金融支持"一线一片"旅游扶贫战略，累计发放 9.2 亿元扶贫再贷款，引导银行机构面向贫困户、旅游企业等主体发放 50 多亿元贷款，帮助槟榔谷、崇山、七星山、茅岩河等 12 条户外精品旅游线路沿线地区 2.1 万户贫困户发展绿色旅游产业，"贷"动沿线农户每年增加收入 2400 元，实现当地农户增收致富和旅游产业的快速发展。

二、不断促进经济高质量发展

经济决定金融，地方产业转型发展和经济高质量发展可以为地方金融业的发展奠定良好的基础。张家界市应紧抓国家加快形成以国内大循环为主体、国际国内双循环相互促进的新发展格局和湖南省"三高四新"战略这些重大机遇所带来的产业转型升级机会，以及张家界市推动旅游经济高质量发展、实施新型工业强基倍增计划、加快发展现代服务业、加快发展现代农业等机遇，加快转变经济发展方式，不断优化经济结构，增强经济发展新动能，推动当地经济高质量发展，为张家界市金融业健康发展和健全地方金融服务体系打下坚实的基础。

促进张家界市经济高质量发展的具体措施有：一是推动旅游经济高质量发展。要高起点规划张家界市旅游产业布局，加强"智慧旅游"和全域旅游建设，提质发展观光度假、红色文化、民俗体验、康养休闲等旅游品牌，推动旅游业高质量发展。二是实施新型工业强基倍增计划。以园区为重点，加快发展新型工业，培育与发展旅游商品、生物医药、绿色食品等绿色产业链条。三是加快发展现代服务业。要立足张家界市良好的生态环境，着力发展以旅游为主导的现代服务业，大力培育与发展新产业、新经济、新业态，不断完善服务功能。四是加快发展现代农业。创建一批国家级、省级和市级的现代农业产业园，支持张家界莓茶、桑植白茶、张家界大鲵、中药材等农业产业链建设，不断延伸农业产业链条，提升农产品价值链，拓展农民增收链，培育与发展一批"张字号"农产品品牌，助推巩固脱贫攻坚成果与实现乡村振兴的有效衔接，为金融业的发展夯实经济基础。

三、构建各部门间的合作与协调机制

首先，构建各金融机构之间的业务合作与协调机制。充分发挥张家界市金融办的功能作用，加强银行、担保机构、保险机构、证券公司、小贷公司、基金公司等金融机构之间的业务合作与协调，形成各机构和各业务之间的相互配合与支撑，提高业务效率，降低业务风险，增强金融产品和金融服务的多样性和丰富性，有效满足各经济主体差异化的、多样性的金融服务需求。如银行与担保机构之间的业务合作与协调。由于张家界市存在众多的小型旅游企业，这些小型旅游企业往往缺乏合适的抵押担保品，银行在为这些小型旅游企业提供信贷服务时，可以考虑引入融资担保公司为企业提供担保增信，有效降低银行的信贷风险，帮助企业获得所需的发展资金，带动企业发展壮大，并解决当地就业问题，带动张家界市旅游业发展，形成经济发展的良性

互动格局。

其次，构建政府部门、金融监管机构与各金融机构之间的协调机制。在保证不发生系统性金融风险的前提下，营造良好的金融生态环境，鼓励金融业务和产品创新，鼓励金融机构不断推出满足实体经济发展需要的新产品、新业务流程，更好地支持当地实体经济的发展。如加强张家界市金融办与市人民银行、市银保监局之间的合作。三部门要构建金融工作议事和合作协调机制，加强对张家界市经济金融发展动态和运行状况的把握，并针对发展中的难点、堵点、重点问题共同协商解决方案，提升金融服务实体经济发展的效率。同时，三部门共同督促金融机构认真落实金融扶持政策、尽职免责等要求，增强对"三农"、中小微企业等信贷支持，有效防范各金融机构的经营风险，推动各金融机构业务发展。此外，三部门联合举办金融诚信活动，营造良好的信用环境，并加大对非法集资、债务违约等金融风险防范、排查和处置力度，有效防范和化解地方金融风险事件的发生，提升社会金融福祉，帮助张家界市金融业实现高质量发展。

四、建设良好的法律制度环境

政府及其他部门不断完善金融层面的法律制度和规章条例，可以为金融机构各业务的开展和维护相关经济主体的合法金融权益提供法律保障和政策支持，为健全地方金融服务体系提供良好的法律制度环境。

一是制定金融机构为弱势群体提供金融服务的法律制度。政府及其他部门通过政策条文、法律制度或规则条例等促使金融机构重视弱势群体的金融需求、维护弱势群体的金融权益，促使金融机构通过创新普惠金融产品与服务来为中小微企业、农户等弱势群体提供普惠金融服务，推进金融机构的普惠业务发展。

二是制定各经济主体金融素养提升的法律制度。政府及其他部门出台加强各经济主体金融素养提升的规章条例或法律条款，确保各金融机构明确责任，开展提升各经济主体金融素养的活动，提升各经济主体的金融素养，从根本上促使各经济主体了解金融政策、金融产品和服务，把握自身的有效金融服务需求，并主动寻求获取金融机构的金融服务。考虑出台或增加扶持金融机构开展金融教育、金融知识宣传、金融技能培训等方面的法律法规、管理办法或规章条例等，构建起提升经济主体金融素养的长效工作机制。

三是加强金融监管制度建设。坚持推进地方金融监管体制改革，加强地方金融管理体制的制度化建设，构建适合当地多层次、全方位的金融监管制度体系，促使地方能够在法律制度指导下开展各项金融监管，确保各项金融业务能够更加制度化和规范化运行。尤其要从制度方面促进风险投资、私募股权投资、创业投资等发展，提高直接融资比重，有效助力企业生产经营活动的顺利开展。同时，制定地方金融风险监管的法律规章条例，为健全地方金融服务体系提供法律制度保障（王兆旭，2015）。如张家界市金融办、市人民银行、市银保监局等地方金融监管部门要在上级金融监管法律或制度条例指导下，根据当地实际情况制定适合当地的金融监管制度，采取差异化的监管方法，不断提高金融监管的透明度和法制化水平，防范和化解地方金融风险。

四是制定金融机构信息安全保护制度。政府部门要制定金融机构信息安全保护制度，并加强执法力度，帮助地方政府和监管部门及时了解各金融机构的财务状况、潜在风险点及安全稳健情况，掌握当地金融市场发展情况，以加强地方金融风险的控制和监督，维护地方金融业稳定。

五是加强信用制度建设。不断完善采集和使用个人和企业信用信息的法律制度，促进个人和企业征信系统建设，督促金融机构合理使用征信系统。同时，政府要制定法律制度来惩罚各经济主体的恶意逃废债务行为，提升信用制度的法律威慑效用，激励各经济主体养成自觉守信的意识和行为。

五、推进社会信用体系建设

积极推进社会信用体系建设，形成人人"讲信用、讲诚信"的社会环境与氛围，培养各经济主体的契约精神，不断优化金融生态环境，有效降低金融机构与各经济主体之间因信息不对称带来的道德风险及逆向选择问题，帮助各经济主体更快捷地获取金融机构的信贷及其他金融服务，提高金融服务的可得性和使用质量，并降低金融服务成本，促进当地金融业的可持续发展，实现地方金融服务体系的不断健全。

一是加强社会征信系统建设。在加强社会信用体系建设中，政府和金融机构要加强诚信价值的宣传，健全个人和企业征信系统。个人和企业征信系统里记录个人和企业信用信息。良好的信用信息记录可以给相关主体带来相关的便利和实惠，不良的信用信息记录则可能导致相关主体寸步难行，从而能有效促使个人和企业保持良好信用记录。要将金融机构信息系统、中国人民银行信用信息系统、工商部门的税收信息系统等进行对接，引导建立大数据征信与传统征信、各金融机构等合作与信息共享机制，不断完善信用信息系统，有效克服金融机构面临的信息孤岛难题，帮助金融机构精准识别客户，便捷地为各经济主体提供授信决策。二是金融机构要完善信用评价机制，开展"信用乡镇、信用村、信用户"创建活动，大力发展信用贷款业务，为农户和中小微企业提供无抵押担保的信用贷款，帮助他们及时获得信贷资金。三是发展壮大地方信用评级机构，通过专业化分工和合作，有效降低金融机构获取各经济主体信用信息的成本，为降低金融机构业务成本提供帮助。四是建立守信激励和失信惩罚机制（盛毅，2018）。落实跨部门、跨行业的失信惩罚机制，建议张家界市内各金融机构对信用缺失的经济主体暂停提供任何金融服务，增加失信经济主体的经济成本，以唤起全社会的信用意识，激励各经济主体坚持守信。五是地方政府要加强信用制度建设，把改善信用环境作为规范地方经济秩序和改善投融资环境的重要工作，引导形成当地良好的信用环境（郑兰祥和门志路，2011）。

六、搭建信息服务共享平台

信息服务共享平台可以有效解决政府部门、金融机构与各经济主体之间的信息不对称问题，提高金融机构开展各项业务的效率，降低业务成本，帮助各经济主体获得所需的金融服务。

搭建信息服务共享平台，可以考虑将政府相关部门采集的信息（如经济主体的工商信息、纳税信息等）、相关公共部门的信息（如经济主体的水费、电费、通信费、燃气费等）、央行征信系统的信息（中国人民银行采集个人和企业的信用信息）、互联网企业掌握的信息（如经济主体在互联网平台上产生的销售收入、采购信息等）、司法部门及其他部门的信息等各类数据信息进行分类与整合，促进相关信息实现共享。信息服务共享平台要充分利用互联网、大数据、区块链等现代化信息技术，运用数字化手段，实现各经济主体更大范围、更深层次的普惠征信信息采集与共享。

同时，信息服务共享平台对金融机构实施信息数据开放。构建信息服务共享平台的信息共享机制，方便金融机构基于需求更快捷地获得所需的各经济主体信息，并有效解决金融机构面临的数据孤岛问题，降低金融机构获取信息数据的成本，提高服务效率。当然，在这一过程中要注意客户隐私权的保护，保护客户的权益。

七、提高各经济主体的金融素养

农户、中小企业主等各经济主体往往是因为对金融机构、金融业务、金融产品、金融市场等不够了解，加上自身金融素养水平较低，从而无法寻求有效的金融支持及保护自己合法的金融权益。金融机构和监管部门、教育机构要对农户、中小企业主等各经济主体加强金融知识宣传、金融技能培训等金融教育活动，提高各经济主体的金融素养，降低金融诈骗和金融纠纷事件发生的频次，减少社会福利损失，保护各经济主体合法的金融权益，促进金融机构业务的顺利开展。

各经济主体要积极参加与体验各种金融机构、政府部门及其他相关主体举办或组织推广的金融知识宣传、金融技能培训等金融教育活动，通过现场学习和体验参与，学会准确辨别与科学选择普惠金融产品和服务，了解最新的普惠金融政策和金融市场信息等，不断丰富自身金融知识，提升金融技能。

另外，各经济主体要坚持干中学，在参与金融活动中进行体验、感受、总结、反思等，增强学以致用的能力，提高自身的金融素养。

金融机构、监管部门和教育机构要面向各经济主体加强金融教育供给，提供金融知识宣传、金融技能培训等各类金融教育活动，不断提高经济主体的金融知识和技能，帮助他们积极参与金融活动，提高他们金融素养水平（罗荷花和李明贤，2021）。金融机构提供金融知识宣传，帮助各经济主体对基本金融概念、金融机构的业务、最新的数字金融知识等有一定了解，避免出现对金融知识理解有误而造成操作失误，以致产生财产和收益损失。同时，金融机构要将金融教育与实务技能培训相结合，积极组织各经济主体参与模拟培训活动，并通过举办虚拟投资大赛、模拟经营沙盘大赛等方式帮助各经济主体对日常金融操作有更深的理解，提高经济主体的金融技能。金融机构等在加强金融教育过程中，不仅要集中开展金融知识普及月、金融技能培训等短期金融教育活动，还需要构建常态化、长期性的金融教育培训机制。

参考文献

［1］胡继晔，董亚威．基于央地博弈的地方金融监管体制完善［J］．宏观经济研究，2021（03）：25－38＋84．

［2］姜宇．地方金融监管体制改造论：矛盾、路径与方案［J］．经济问题，2021（04）：78－86．

［3］吴曼华，田秀娟．中国地方金融监管的现实困境、深层原因与政策建议［J］．现代经济探讨，2020（10）：120－125．

［4］向静林，艾云．地方金融治理的三个维度：基于经济社会学视角的分析［J］．学术论坛，2020，43（02）：60－67．

［5］刘志伟．中国式地方金融：本质、兴起、乱象与治理创新［J］．当代财经，2020（02）：52－64．

［6］陆岷峰．地方金融供给侧结构性改革与纾困小微企业融资路径研究［J］．青海社会科学，2020（01）：80－86．

［7］孙烁，李振中．供给侧结构性改革下的小微企业经济发展策略分析——以青岛市为例［J］．现代营销（下旬刊），2019（01）：80．

［8］邹伟，凌江怀．政府干预、地方金融发展与经济增长［J］．当代财经，2018（04）：14－24．

［9］徐冯璐．浙江省建设"一带一路"的地方金融支持研究［J］．新金融，2018（01）：52－57．

［10］郭峰，熊瑞祥．地方金融机构与地区经济增长——来自城商行设立的准自然实验［J］．经济学（季刊），2018，17（01）：221－246.

［11］吕铖钢．地方金融异化的反思：财政失范、资本失序与金融结构变形［J］．当代财经，2017（06）：61－70.

［12］陈一洪．地方金融服务供给侧改革路径探析——以泉州金融改革试验区为例［J］．经济界，2017（02）：39－44.

［13］洪正，胡勇锋．中国式金融分权［J］．经济学（季刊），2017，16（02）：545－576.

［14］张华丽．山西省地方金融改革发展的现状与思考［J］．山西财经大学学报，2016，38（S1）：65－67.

［15］易元芝．地方金融组织体系与区域金融市场发展问题的研究——基于温州金融改革背景下的思考［J］．上海经济研究，2015（10）：70－75.

［16］王春阳，黄子骥．地方金融与地方增长——基于中国宏观和微观的实证分析［J］．中央财经大学学报，2014（10）：47－53.

［17］张震宇，柯园园．地方金融综合改革的温州解法［J］．中国金融，2014（11）：22－23.

［18］邵靖，杜彦坤．地方金融控股集团发展模式［J］．中国金融，2014（04）：44－45.

［19］钟海英．我国地方金融管理体制改革研究［J］．南方金融，2013（02）：45－47.

［20］胡斌．对我国发展地方性金融控股集团的思考［J］．经济纵横，2012（05）：70－74.

［21］尹振涛．地方金融发展应明确立足点［J］．中国金融，2012（03）：96.

［22］倪鹏飞，黄斯赫．关于地方组建国有金融控股集团的探讨［J］．开放导报，2011（01）：77－80.

［23］黄建军．我国城市商业银行与地方政府关系［J］．财经科学，2010（05）：24－30.

［24］李天忠，王淑云．地方金融业发展的国际比较及其借鉴［J］．金融理论与实践，2009（05）：42－46．

［25］石全虎．县域金融支持县域经济发展的理论思考［J］．经济社会体制比较，2009（02）：60－64．

［26］朱培玉．中西部地区地方金融发展：机遇、挑战与对策［J］．金融理论与实践，2008（04）：52－56．

［27］钱水土．县域经济发展中的县域金融体系重构：浙江案例［J］．金融研究，2006（09）：148－157．

［28］何运信．构建地方金融控股体系发展浙江地方金融［J］．工业技术经济，2006（08）：114－116．

［29］王硕平．广东省地方金融：现状分析与改革设想［J］．南方金融，2004（01）：17－20．

［30］彭建刚，韩忠伟．城市商业银行对城市经济支持程度的实证分析［J］．财经理论与实践，2002（05）：33－37．

［31］付榕，王静．西部民族地区县域金融服务体系创新路径探析［J］．贵州民族研究，2015，36（02）：166－169．

［32］张蕾．不断完善地方金融组织体系［N］．人民日报，2014－02－18（016）．

［33］张志军，刘文义．综合性县域金融服务渠道体系模式构建与优化的探讨［J］．农业经济，2011（11）：59－60．

［34］王国刚，林楠．金融体系改革需解决五大关联问题［N］．中国证券报，2014－12－22（05）．

［35］武志．中国地方金融体系的改革与重构［M］．大连：东北财经大学出版社，2006．

［36］Berger A N, Bouwman C H S, Kim D. Small Bank Comparative Advantages in Alleviating Financial Constraints and Providing Liquidity Insurance over Time Working Paper［R］. 2015.

［37］Hasan I, Jackowicz K, Kowalewski O, et al. Do Local Banking Market Structures Matter for SME Financing and Performance? New Evidence from an Emerging Economy ［J］. Social Science Electronic Publishing, 2018 (79)：142 – 158.

［38］Hendrik H, Iftekhar H, Philip M, et al. Small Banks and Local Economic Development ［J］. Review of Finance, 2014 (2)：2.

［39］Raykov R, Silva – Buston C. Holding Company Affiliation and Bank Stability：Evidence from the US Banking Sector ［J］. Journal of Corporate Finance, 2020 (65)：101 – 139.

［40］Lo S F, Lu W M. An Integrated Performance Evaluation of Financial Holding Companies in Taiwan ［J］. European Journal of Operational Research, 2009, 198 (01)：341 – 350.

［41］C C Chiou. Effects of Financial Holding Company Act on Bank Efficiency and Productivity in Taiwan ［J］. Neurocomputing, 2009, 72 (16 – 18)：3490 – 3506.

［42］陈军. 银行机构通过司法维权清收不良贷款的调查与思考——以张家界市为例 ［J］. 中国市场, 2018 (05)：67 – 68.

［43］王韦程. 金融发展相关理论研究综述 ［J］. 金融发展研究, 2020 (07)：56 – 61.

［44］赵瑞政, 王文汇, 王朝阳. 金融供给侧的结构性问题及改革建议——基于金融结构视角的比较分析 ［J］. 经济学动态, 2020 (04)：15 – 32.

［45］李海峰. 中国农村金融发展理论与实践研究 ［D］. 长春：吉林大学, 2012.

［46］刘丽. 明斯基"金融不稳定假说"与马克思危机理论的比较研究 ［D］. 长春：吉林大学, 2012.

［47］赖雪波. 金融风险理论述评 ［J］. 西南民族学院学报（哲学社会科学版）, 1999 (S1)：3 – 5.

［48］林毅夫. 新结构经济学与最优金融结构理论 ［J］. 清华金融评论,

2018（09）：105 - 106.

［49］林毅夫，孙希芳，姜烨. 经济发展中的最优金融结构理论初探［J］. 经济研究，2009，44（08）：4 - 17.

［50］谈儒勇. 第二代金融发展理论和我国的金融政策［D］. 北京：中国人民大学，1999.

［51］雷蒙德·W. 戈德史密斯. 金融结构与金融发展［M］. 周朔，等译. 上海：上海人民出版社，1996.

［52］孙国峰，李扬，黄益平. 以改革增强金融服务实体经济的能力［N］. 经济参考报，2019 - 06 - 05.

［53］北京大学数字金融研究中心课题组. 数字普惠金融的中国实践［M］. 北京：中国人民大学出版社，2017.

［54］新华网. 习近平：深化金融供给侧结构性改革　增强金融服务实体经济能力［EB/OL］.（2019 - 02 - 23）http：//www. xinhuanet. com/2019 - 02/23/c_ 1124153936. htm？agt = 2/.

［55］曹立新. 湖南省农民收入影响因素及对策研究［D］. 长沙：中南林业科技大学，2017.

［56］薛灼平. 公共财政支持下广州市中小企业政策性融资担保发展研究［D］. 湘潭：湘潭大学，2015.

［57］潘功胜. 深化金融供给侧结构性改革具有重要战略意义和现实指导意义［EB/OL］.（2019 - 02 - 27）https：//baijiahao. baidu. com/s？id = 1626584792990982809&wfr = spider& for = pc.

［58］黄益平. 金融供给侧改革的关键是提高金融的效率［J］. 财经界，2019a（19）：28 - 29.

［59］黄益平. 中国经济正在从经济奇迹走向常规发展［EB/OL］.（2019b - 05 - 18）http：//finance. sina. com. cn/roll/2019 - 05 - 18/doc - ihvhiqax9517646. shtml？cre = tianyi&mod = pcpager_ china&loc = 12&r = 9&rfunc = 100&tj = none&tr = 9.

［60］徐立平. 金融改革与管制——以温州为例［M］. 北京：经济管理

出版社，2018.

　　［61］周德文．温州金融改革——为中国金融改革探路［M］．杭州：浙江人民出版社，2013.

　　［62］于玲燕．重构温州担保信用体系的设想［J］．改革与战略，2013，29（05）：84－86.

　　［63］张杰．农户、国家与中国农贷制度：一个长期视角［J］．金融研究，2005（02）：1－12.

　　［64］蔡吟茜．温州民营企业担保融资现状及优化路径探析［J］．特区经济，2020（10）：136－139.

　　［65］李世财．民间金融监管困境与功能定位研究［J］．学习与探索，2020（02）：111－116.

　　［66］王建国．金融自由化与金融深化［J］．金融研究，1998（09）：34－37.

　　［67］张远．社会治理视角下的社会信用体系建设问题探讨［J］．征信，2021（11）：46－50.

　　［68］魏建．抓住金融扎根发展的机遇大力促进地方金融发展［J］．理论学刊，2010（12）：39－42.

　　［69］边文龙，沈艳，沈明高．银行业竞争度、政策激励与中小企业贷款——来自14省90县金融机构的证据［J］．金融研究，2017（01）：114－129.

　　［70］重庆市地方金融监督管理局．重庆金融2020［M］．重庆：西南师范大学出版社，2021.

　　［71］李明贤．重构我国农村金融体系研究［M］．长沙：湖南科学技术出版社，2003.

　　［72］吴振宇．新时代金融体制改革的政策脉络和重大进展［N］．中国经济时报，2021－10－14（004）.

　　［73］马九杰，崔恒瑜，王雪，董翀．设立村镇银行能否在农村金融市

场产生"鲶鱼效应"?——基于农信机构贷款数据的检验［J］.中国农村经济，2021（09）：57-79.

［74］李广子，熊德华，刘力.中小银行发展如何影响中小企业融资?——兼析产生影响的多重中介效应［J］.金融研究，2016（12）：78-94.

［75］袁彪.地方金融服务体系创新发展研究——以张家口为视角［J］.河北广播电视大学学报，2016，21（06）：66-68.

［76］周建松，吴胜.浙江经济转型升级与金融服务体系建设［M］.杭州：浙江工商大学出版社，2012.

［77］何广文，何婧.省联社改革：机制重于模式［J］.银行家，2020（07）：15-18.

［78］鲍烨.芜湖地方金融体系优化研究［D］.合肥：安徽大学，2018.

［79］周建松.浙江金融服务体系研究［M］.杭州：浙江大学出版社，2011.

［80］王兆旭.创新地方金融体系实施规范管理［J］.现代经济信息，2015（09）：361-362.

［81］刘英.正确处理政府与市场的关系需走出误区［N］.经济日报，2017-06-09.

［82］郑兰祥，门志路.安徽省地方金融体系重构的难点与对策研究［J］.中国集体经济，2011（06）：125-126.

［83］盛毅.经济新常态下地方金融体系建设思路［J］.粮食科技与经济，2018，43（08）：28-30.

［84］罗荷花，李明贤.普惠金融发展中农村人口金融能力提升研究［M］.北京：经济管理出版社，2021.

［85］中国人民银行杭州中心支行课题组.浙江省城市商业银行改革发展研究［J］.浙江金融，2009（04）：11-14.